Le Siam

Le Siam

EXPOSITION UNIVERSELLE DE 1900

PARIS

Le Royaume de Siam

NOTICE

HISTORIQUE, ÉCONOMIQUE,

ET STATISTIQUE

PARIS

1900

LE ROYAUME DE SIAM

SUPERFICIE. — BORNES. — GOUVERNEMENT

Le royaume de Siam, l'un des plus riches de l'Extrême-Orient, est situé au sud-est de l'Asie ; il s'étend approximativement du 5e degré lat. N. jusqu'au 20e degré lat. N. et du 97e au 106e degré de longitude E.

La superficie est d'environ de 625.000 kilomètres carrés.

Au nord du Siam, se trouvent les Etats français du Laos et la Birmanie ; à l'ouest, la Birmanie inférieure et le golfe du Bengale. Dans la péninsule, le territoire siamois est borné au nord par les Etats protégés du Malay, à l'est par la mer de Chine et le golfe du Siam ; au sud se trouvent les golfes du Siam et le Cambodge ; à l'est, le Cambodge, les Etats français du Laos, qui sont séparés du royaume par le fleuve Mekong.

Deux grandes chaînes de montagnes, qui sont des ramifications de l'Himalaya, dessinent à l'est et à l'ouest les frontières géographiques du pays, l'une descendant de la Chine pour aller s'affaisser et disparaître au Cambodge, l'autre, passant par le nord-est de la Birmanie pour atteindre jusqu'à l'extrémité méridionale de la péninsule Malaye. C'est entre ces deux chaînes de montagnes, que s'étend la plaine du Siam qui ne compte pas moins de 150 lieues de long sur 50 de large, et dont la superficie est d'environ 22.810 kilomètres carrés.

Le gouvernement est une monarchie absolue.

Le drapeau national est rouge avec un éléphant blanc au milieu.

FAMILLE ROYALE

Paramindr Maha Chulalongkorn, Roi de Siam et de ses dépendances, de Laos Chiang, Laos Kao, etc., etc., est né le 20 septembre 1853 ; il est le fils du Roi Maha Mongkut et de la Reine Ramboi Bhovmrabhirom (Krom Somdet Phra Thep Sirinthramas) fille du fils aîné du Roi Phra Nang Klao. Il accéda au trône le 1er octobre 1868.

L'héritier du trône, est S. A. R. Maha Vajiravudh, qui naquit le 1er janvier 1881 et fut proclamé héritier et Prince Royal le 16 janvier 1895.

Le frère du roi est S. A. R. Prince Bhanurangsi Savangwongse (Krom Phra Bhanu-Bandhuwongse Voradej) né en 1860.

HISTOIRE

Le Siam Ancien. — On possède fort peu de documents sur l'histoire ancienne des nations de l'Indo-Chine. Ceux que l'on a recueillis sont pour la plupart légendaires et fabuleux. Des recherches modernes semblent, cependant, avoir établi que la race siamoise est venue du nord et qu'elle habitait le sud-ouest de la Chine. Certains écrivains prétendent avoir prouvé que le nom de Siam, dont le terme *Shan* est une variante, a été appliqué au pays depuis dix-huit siècles au moins. Ce mot est d'origine sanscrite, et il n'y a là rien de surprenant puisque l'on sait que toute la péninsule Indo-Chinoise a reçu sa première civilisation des Indes.

Dans les temps préhistoriques le pays de Siam a été habité par des tribus de la race Mon-Annam, qui s'étaient également fixées à la même époque dans le Pégu, la Birmanie, le Cambodge et toute la péninsule. Peu à peu, ces tribus furent chassées par d'autres envahisseurs venant du nord et c'est ainsi que leur capitale a été déplacée et poussée de plus en plus vers la mer. Les envahisseurs étaient un peuple nommé Lao, ou Ai-Lao, qui, après de nombreuses conquêtes dans le Nord du Siam et de la Birmanie adoptèrent le titre de *Thai*. Quand ils se furent rendus maîtres de tout le Siam, et qu'ils eurent fondé un empire dont les limites s'étendirent graduellement jusqu'au Pégu et à la Birmanie supérieure, ils furent connus chez les nations voisines sous le nom de Siamois, mais entre eux ils se reconnaissaient de la race de *Thai*. On a souvent fait des comparaisons entre les langues et les dialectes des différentes branches de la race Thai, — le Siamois, le Lao, le Shan, etc. et les langues et dialectes usités dans les provinces de la Chine qui se trouvent au sud du fleuve Yangtse.

Aux 7e, 8e et 9e siècles, ce peuple Thai forma un puissant royaume militaire, ou fédération de principautés qui combattit quelquefois contre l'empereur de Chine, et quelquefois se mit à son service. D'après une légende siamoise, le roi Phra Ruang, secoua le joug des Cambodgiens et fonda une nouvelle ère nationale en l'an 638. C'est à partir de cette date que les Siamois comptent leurs années. D'un autre côté, l'an 639 marque le commencement de l'ère commune de la Birmanie, et on croit généralement que le monarque qui l'introduisit régnait sur une grande partie de ce qu'on appelle aujourd'hui la Birmanie supérieure et le Siam supérieur. Quand le royaume fut à l'apogée de sa puissance il traitait à égalité avec la Chine et le Thibet. Les frontières s'étendirent toujours vers le sud mais on ne peut pas dire que le royaume de Siam se soit fondé avant l'an 1350, moment où Phya Uthong quittant Kamphong-Pet établit sa capitale à Ayuthia. La dynastie qu'il inaugura domina au Siam pendant 250 ans. Des relations commerciales se nouèrent à cette époque avec la Chine, spécialement avec Amoy et avec Canton. De nombreuses guerres éclatèrent ; en 1556, les habitants de Pégu s'emparèrent d'Ayuthia et enlevèrent le roi et la famille royale. Mais les Siamois reprirent facilement le dessus et on les voit à l'apogée de leur puissance vingt ans plus tard. Il est curieux de noter qu'en 1592, le Siam offrit son aide à la Chine contre les Japonais qui voulurent s'emparer de la Corée. D'un autre côté, en 1579, 500 Japonais aidèrent les Siamois à repousser une attaque de la Birmanie. Il y avait à cette époque beaucoup de Japonais établis à Ayuthia.

En 1511, les Portugais découvrirent l'importance commerciale du Siam, et en moins d'un siècle, les Hollandais aussi entrèrent en rapports économiques réguliers avec le royaume. Le premier vaisseau anglais arriva vers 1613. Dans la seconde moitié du XVIIe siècle, au cours du règne de Phra Narai, se produisit l'épisode le plus connu de l'histoire du Siam ancien. Comme la majorité des monarques siamois, le prince régnant était d'un esprit libéral et accueillait gracieusement et les commerçants de l'ouest et les idées d'Europe. Les Anglais et les Hollandais obtinrent la permission de faire du commerce. Et les Portugais furent invités à continuer leur négoce. Des missionnaires français furent reçus cordialement, et Monseigneur Pallu, qui éprouva l'hospitalité du roi Phra Narai, revint en France avec la ferme conviction que le Siam offrait de grandes facilités d'accès et à sa patrie et à l'Eglise.

Louis XIV ne repoussa pas ses suggestions. Au contraire, il envoya une mission au Siam, et le *Vautour* arriva à l'embouchure du Menam en septembre 1680, avec des lettres et des cadeaux pour le Roi de la part de Sa Majesté très chrétienne.

Les Français trouvèrent un excellent accueil et obtinrent tous les avantages commerciaux qu'ils désirèrent. Phra Marai dépêcha même une ambassade avec une réponse aux lettres et aux cadeaux du roi, mais le bateau se perdit corps et biens.

A cette époque, Constantine Phaulkon, aventurier grec, mais homme remarquable, disposait d'une énorme influence à la cour du Siam. Il arriva à Bangkok sous le règne de Phra Narai, avec beaucoup d'autres négociants européens; grâce à son habileté, il réussit à se faire nommer Chao Phya Vichayen, et gouverneur des provinces du nord.

Il fit construire des fortifications, des palais et entreprit de nombreux travaux publics L'autorité de Phaulkon s'exerça aussi sur la politique intérieure et extérieure du gouvernement. Il épousa entièrement la cause de la France. C'était aussi la tactique du roi de s'appuyer sur ce pays contre la Hollande, puissance prédominante à cette époque en Extrême-Orient. Quand Monseigneur Pallu revint au Siam avec de nouvelles lettres de Louis XIV, le roi envoya à Versailles une seconde ambassade conduite par un prêtre français. C'était en 1682. Le roi de France en retour donna ordre de partir à d'autres diplomates qui furent reçus avec éclat, et un traité qui ouvrait le pays aux missionnaires français fut signé à Lophburi, le 10 décembre 1685.

Le roi de Siam refusa cependant de se convertir au catholicisme ne voulant pas abandonner une religion que ses compatriotes avaient embrassée depuis près de 2.000 ans. Cette décision mit fin à certaines négociations franco-siamoises mais Phaulkon ne voulut pas abandonner le projet d'une alliance et, finalement, le 27 septembre 1687, une nouvelle ambassade française et des troupes françaises arrivèrent à Bangkok. Une révolution éclata à Ayuthia, Phaulkon fut mis à mort. La garnison française quitta le Siam pour Pondichéry.

Trois dynasties de rois siamois régnèrent à Ayuthia, mais en 1767 la royauté fut chassée par une puissante armée de la Birmanie. Cette armée fut repoussée à son tour par les Siamois sous la conduite de Phya Tak Sin, fils d'un Chinois, qui rétablit l'indépendance en Siam. Phya Tak s'empara du pouvoir et installa sa capitale à Bangkok. En 1782, Phya Tak, devenu fou, fut déposé. Il eut pour successeur Chao Phya Chakkri, le généralissime des armées de Phya Tak, un Siamois de race pure, et fondateur de la dynastie actuelle, la dynastie Chakkri. Couronné le 13 juin 1782, il céda le trône en 1809 à son fils, qui porta le titre officiel de Phra Phuttha Lot La Nop'halai et qui régna jusqu'en 1824. A son tour il fut remplacé par son fils Phra Nang Klao. Ce roi mourut en 1851 et le quatrième monarque de la dynastie fut son frère cadet Maha Mongkut, le père illustre du souverain actuel.

LE SIAM MODERNE. — Sous le règne de Mongkut, les relations du Siam avec les pays étrangers furent réglées par des traités formels. Le premier traité conclu avec des Européens avait été passé avec la Compagnie hollandaise des Indes Orientales en 1664. Vint ensuite la convention signée par Phaulkon en 1686, et qui accordait des privilèges aux missionnaires apostoliques au Siam, mais l'alliance française n'ayant pas abouti complètement le traité avec les Hollandais fut renouvelé en 1688. En 1824 un pacte fut négocié entre le Siam et la Grande-Bretagne, mettant fin à l'influence hollandaise. Une nouvelle convention amicale avec l'Angleterre fut signée en 1826. Les Etats-Unis conclurent aussi un traité presque identique en 1833 (ratifié en 1836) par lequel ils obtinrent toutes les libertés commerciales sauf pour l'entrée des munitions de guerre, de l'opium et du riz.

Ce ne fut qu'en 1855 que l'Angleterre s'assura un traité d'amitié et de commerce, aux termes duquel les intérêts des sujets britanniques au Siam furent remis à un consul résidant à Bangkok. En 1856, des pactes identiques furent passés avec la France et les Etats-Unis, et la plupart des autres puissances reçurent bientôt après des droits égaux : le Danemark en 1858, le Portugal en 1859, la Hollande en 1860, l'Allemagne en 1862, la Belgique, l'Italie, la Suède et la Norvège en 1868, l'Autriche-Hongrie en 1869, l'Espagne en 1870, le Japon en 1898 et la Russie en 1899. Des accords supplémentaires ont depuis lors été signés avec toutes les puissances sauf les deux dernières. En 1863, le Siam conclut un traité avec le Cambodge, traité qui reconnaissait ce dernier pays comme vassal du Siam et qui spécifiait les modalités pour le paiement d'un tribut. Mais quelques mois auparavant le Cambodge avec accepté déjà le protectorat français. Il en résulta des négociations nouvelles et finalement, en 1867, le protocole de 1863 avec le Cambodge fut déclaré nul et non avenu et le protectorat français sur ce pays fut formellement consacré. Par contre, il fut stipulé dans le traité de 1867 entre la France et le Siam que Battembong et Angkor continueraient à faire partie du royaume de Siam, et la France s'engagea par le même traité à ne point s'emparer de ce royaume pour l'incorporer à ses possessions de Cochinchine. On y inscrivit aussi cette clause, que si des sujets du Cambodge commettaient des crimes ou des délits sur le territoire siamois, ils seraient jugés et punis par le gouvernement siamois, d'après les lois siamoises; les sujets siamois au Cambodge étant soumis de même aux lois de ce pays.

L'année suivante (1er octobre 1868), le souverain actuel, le roi Chulalongkorn, monta sur le trône. Pourvu d'une éducation européenne, Sa Majesté comprit de bonne heure la politique que devait suivre le Siam indépendant, et malgré tous les obstacles qu'il a trouvés, il a lutté avec succès pour maintenir à son pays son existence nationale.

En 1871, le roi visita Java, et vers la fin de la même année il fit un voyage aux Indes, recevant en 1872 l'hospitalité du vice-roi à Calcutta. Jusque là, la direction des affaires avait appartenu à une régence, mais à son retoudes Indes le monarque prit en mains les rênes du gouvernement et il introduisit, l'année suivante, de notables changements et des réformes politiques.

Un décret portant une nouvelle constitution parut le 8 mai 1874. Une de ces clauses édictait l'abolition graduelle de l'esclavage qui ne devint à peu près fait accompli qu'en 1886. En 1888, un service postal fut organisé, et des communications télégraphiques ouvertes avec les pays étrangers. De grands travaux publics contribuèrent à augmenter l'importance commerciale de la capitale. En 1890, le roi et la reine du Siam visitèrent les possessions anglaises de la côte, et à cette année remonte la première construction de voies ferrées, celle de la ligne de Paknam. Sa Majesté inaugura elle-même cette entreprise, par une cérémonie symbolique, ie 16 juillet 1891 et le 9 mars de l'année suivante, elle prescrivit l'ouverture du chemin de fer de l'Etat à Korat. L'empereur de Russie (alors Tsarevitch) visita le Siam en 1891.

En 1892, on posa les premiers rails de la ligne du Korat.

Peu de temps après de graves difficultés s'élevèrent entre les gouvernements de Bangkok et de Paris. Elles ne tardèrent pas à se résoudre par des conventions conclues entre les deux pays en 1893.

Le 15 janvier 1896, fut signée à Londres, la convention anglo-française. Par ce traité, les deux puissances garantissaient l'indépendance de la vallée du Menam, qui est la partie la plus riche du royaume de Siam.

En 1895 le prince royal mourut ; il était héritier au trône depuis 1887. Il fut remplacé en cette qualité par S. A. R. Maha Vajiravudh. C'est en cette même année 1895 que le Conseil Législatif fut formé et ouvrit ses séances. Le 9 mai 1896, Sa Majesté fit un long voyage pour sa santé à Singapour et à Java ; elle resta absente trois mois. Avant son départ elle avait nommé une commission spéciale pour réorganiser l'administration de la justice. De retour en son royaume, le roi Chulalongkorn ouvrit le chemin de fer d'Ayuthia (mars 1897), et partit bientôt pour son grand tour d'Europe. Il visita l'Italie, la Suisse, l'Autriche-Hongrie, la Russie, la Suède, le Danemark, la Grande-Bretagne, l'Allemagne, la Hollande, la Belgique, la France, l'Espagne, le Portugal et l'Egypte. Partout Sa Majesté fut reçue par le souverain ou par le chef de l'Etat de la façon la plus cordiale. Pendant son absence qui dura jusqu'au mois de décembre, le gouvernement passa aux mains de la reine qui exerçait une régence.

En 1897, le corps diplomatique de Bangkok fut augmenté d'un représentant du Japon, et l'année suivante la Russie fit aussi accréditer un envoyé permanent au Siam. Un traité formel fut signé entre le Japon et le Siam en 1898.

Au mois de juin 1899, le Siam échangea une déclaration avec la Russie, déclaration par laquelle les deux Etats reconnaissaient réciproquement à leurs nations le traitement de la nation la plus favorisée.

Depuis 1893, le Siam a accompli de très notables progrès et le roi ne néglige aucune occasion d'exhorter publiquement son peuple au travail pour le bien général du pays. Tandis que les institutions et les méthodes des puissances européennes se sont formées à travers plusieurs siècles, le Siam au contraire a grandi rapidement, " à la vapeur " pourrait-on presque dire. Avec la réorganisation des finances du royaume qui se poursuit activement, et qui assurera une notable réduction des impôts ; avec la transformation des douanes et l'abolition du fermage des taxes, le Siam entrera certainement dans une ère de progrès accéléré et de puissant développement.

POPULATION

La population du Siam monte à environ 10.000.000 d'âmes. Dans ce chiffre sont compris outre les Siamois et les Laotiens, un très grand nombre de Chinois. En certaines parties du Siam, la moitié de la population semble de race chinoise, tandis que cet élément est, dans d'autres, comparativement très-faible. On compte aussi un assez grand nombre de Birmans, de Malais et d'Indous. Quant aux autres étrangers tant européens qu'asiatiques habitant le Siam, leur nombre est de 20.000 environ.

LANGUE

La langue siamoise, dit M. Léon de Rosny, a été rangée parmi la classe monosyllabique. Au premier coup d'œil, plusieurs mots de son vocabulaire présentent, il est vrai, toutes les apparences du polysyllabisme ; mais une étude plus approfondie permet d'y reconnaître des mots composés, dont l'écriture seule a rapproché les éléments généralement inaltérés. Une réserve est néanmoins nécessaire. L'emploi de l'écriture alphabétique pour noter les mots dans les langues monosyllabiques entraîne nécessairement, dans certains cas, quelques modifications euphoniques qui font converger celles-ci vers le système des langues agglutinantes ; et, si le chinois a jusqu'à présent résisté à peu près seul à toute altération phonétique de ses monosyllables dans les groupements de mots, il faut attribuer cette étonnante immutabilité au système exceptionnel de ses caractères figuratifs ou idéographiques.

En Siam, où l'on fait usage d'un alphabet dérivé de l'Inde Arienne, l'influence de l'écriture sur le langage a été plus efficace, et si nous ne trouvons pas encore le siamois passé à l'agglutination, ce phénomène est dû à la persistance extraordinaire des idiomes de ce groupe à conserver le principe essentiel du monosyllabisme.

En outre, il faut placer parmi les particularités les plus caractéristiques de la langue thaï, le système d'intonations musicales qui se manifeste de la manière la plus frappante dans tout le vocabulaire. Ces intonations musicales, dont le Chinois et l'Annamite fournissent également de curieux exemples, et qui se retrouvent encore, bien que très amoindries dans le birman, ont en siamois une importance considérable.

En effet, s'il est souvent possible de se faire entendre en Chine en parlant la langue mandarine, sans tenir compte des cinq tons adaptés à cet idiome, on ne peut en dire autant du thaï dont les mots prêteraient sans cesse à des équivoques s'ils étaient prononcés sans égard aux notations musicales qui leur sont affectées par l'usage.

La catégorie grammaticale des mots de la langue siamoise ne se reconnaît guère qu'à la place qu'ils occupent dans la phrase. C'est ainsi qu'un même mot peut être successivement employé comme nom, comme adjectif, comme verbe ou comme adverbe.

L'alphabet siamois est dérivé du *dévanâgari* ou écriture sacrée de l'Inde brahmanique. Il se compose de seize voyelles et de trente-six consonnes. Comme en sanscrit et en javanais, certaines voyelles sont tracées avant la consonne qu'elle doivent suivre dans la prononciation.

De même que dans nos langues européennes, les lettres thaï se suivent dans la direction de gauche à droite.

L'imprimerie n'a été introduite au Siam qu'à une époque tout à fait récente. Au commencement de notre siècle, et antérieurement, les livres du pays étaient tous écrits à la main, sur carte blanche ou noire pliée en paravent et de format oblong. Un grand nombre d'entre eux étaient ornés de peintures.

CLIMAT

Le climat du royaume de Siam est plus ou moins variable, selon la latitude. On ne distingue que deux saisons, celle des pluies et celle de la sécheresse. L'époque la plus chaude comprend les mois de mars et d'avril; alors le thermomètre Centigrade monte ordinairement de 30° à 35° à l'ombre.

La chaleur est toujours supportable, et on peut aisément en atténuer les effets par des bains fréquents. D'ailleurs, les pluies qui tombent souvent pendant la saison chaude rafraîchissent la température. Dans la grande plaine, où le vent souffle librement, le climat est très salubre, pour les étrangers comme pour les indigènes; mais dans les montagnes couvertes d'épaisses forêts, il règne des fièvres souvent très pernicieuses pour les voyageurs.

Les froids les plus intenses sont de 10 à 12 degrés au-dessous de zéro. C'est la saison du froid ou de la sécheresse qui est la plus favorable à la santé; aussi est-elle choisie pour l'époque des fêtes et des divertissements.

Il règne au Siam deux moussons ou vents réguliers qui soufflent alternativement chacun pendant six mois environ. La mousson du sud-ouest commence au mois de mars; au mois d'août, elle tourne à l'ouest, et à la fin de septembre, commence la mousson du nord et du nord-est, qui, au mois de février tourne au sud-est, puis au sud, enfin au sud-ouest; de la sorte, la transition d'une mousson à l'autre n'est point brusque et subite, mais elle s'opère par degrés, et le vent parcourt dans l'espace de douze mois, tous les points du compas.

Chaque année, au mois de mars, et pendant une quinzaine de jours, se produit un phénomène assez singulier. Au point du jour, l'atmosphère se remplit de brouillards épais et à peine le soleil est-il levé, que ces brouillards se résolvent en une rosée abondante au point de couler, comme une pluie, des toits des maisons et des feuilles des arbres.

COUTUMES ET MŒURS

Les Siamois appartiennent à la race Mongole; leur taille moyenne est d'environ cinq pieds deux pouces; ils ont les membres inférieurs forts, le corps long, les épaules larges et la poitrine bien développée, le cou très court, et la tête proportionnée; enfin, les mains grandes et le teint olivâtre; les yeux sont noirs et bien fendus, le blanc en est d'un teint jaunâtre; les cheveux sont d'un noir de jais. Les femmes gardent une touffe de cheveux sur la tête, toujours pommadée et bien peignée.

Quant aux enfants, dans leur jeune âge, on leur rase souvent la tête; à trois ou quatre ans, on leur conserve un toupet rond au sommet de la tête, mais un peu en avant. Les personnes riches tiennent à honneur d'avoir les ongles longs; elles les rougissent avec le suc d'une certaine plante. Tout le monde veut avoir les dents noires, car selon les Siamois c'est un élément essentiel de la beauté.

C'est pourquoi, dès l'enfance, on se frotte les dents avec une poudre noire, de composition chinoise; l'usage du tabac et surtout du bétel contribue encore à faire acquérir cette sorte de beauté.

Les Siamois sont très obéissants et témoignent d'un respect extraordinaire pour l'autorité. Sans parler de la vénération qu'ils ont pour le Roi, auquel ils rendent les plus grands honneurs, ils marquent aux princes, aux mandarins et, en général, à tous leurs supérieurs, une déférence profonde et une obéissance parfaite. La vieillesse est très en honneur parmi eux; les enfants se montrent pleins d'égards, et d'attention envers leurs parents, et il n'y a pas d'affront auquel ils soient plus sensibles qu'à une injure envers les auteurs de leurs jours.

Les Siamois estiment beaucoup la franchise et la sincérité, et ont horreur du vol.

Le suicide qui est très commun parmi les Chinois, est extrêmement rare chez les Siamois.

RELIGION, CÉRÉMONIES

La religion dominante au Siam est le Bouddhisme. Cette confession, qui compte, à elle seule, un nombre de sectateurs à peu près égal, sinon supérieur, à celui de toutes les autres religions du globe réunies, est en général celle de tous les peuples de race jaune, bien qu'elle n'ait pas pris naissance parmi eux.

On sait, en effet, que la doctrine de *Câkya Mouni* a été fondée dans la presqu'île Cis-Gangétique au milieu de la population brun-foncé soumise par les conquérants ariens; mais depuis longtemps elle a disparu de cette contrée, comme de l'Inde entière, excepté Ceylan, pour s'épandre sur le Tibet, la Mongolie, l'Indo-Chine, la Chine, la Corée et le Japon.

Le Bouddhisme, tel qu'il est pratiqué au Siam, repose sur le dogme fondamental de la transmigration des âmes.

Ses sectateurs croient, dans une certaine mesure, à l'immortalité de l'âme et au principe des récompenses et des peines dans les vies successives d'outre-tombe. Après un nombre plus ou moins considérable de transmigrations, qui varie suivant la somme de vertus et de mérites, de bonnes actions et d'actes de dévouement de chaque individu, l'âme de l'homme arrive à une sorte de repos final qui est considéré comme le suprême bonheur.

Une fois parvenu à ce repos final qui s'appelle *Nip'an* ou *Niripan*, les êtres, débarrassés de leur enveloppe matérielle, ne sont plus sujets à mourir, ni à renaître ; ils sont délivrés de toutes les passions, de tous les soucis, de toutes les sensations qui nous dominent durant notre vie terrestre ; ils ne sont plus affectés par les choses du dehors et leur existence individuelle se confond dans le grand tout de l'existence des autres êtres.

Gautama, le suprême Bouddha, est placé au point le plus élevé de ce lieu tant souhaité du calme et du repos éternel. Des légendes de tous les âges ont noyé les principes fondamentaux de cette doctrine dans un océan de pratiques, parfois idolâtres, au milieu duquel l'idée primitive est souvent bien difficile à retrouver.

Les sacrifices humains, souvent en honneur chez les nations d'Asie, sont condamnés par la loi bouddhique qui prescrit de ne jamais verser le sang, fût-il celui de l'être le plus infime. Suivant le *Patimôk*, recueil des règles des religieux bouddhistes, on doit tamiser l'eau dans la crainte qu'il ne s'y trouve de petits animaux ; éviter de faire du feu de bois, de peur de brûler les insectes qui peuvent s'y être logés ; ne pas cuire du riz qui renferme un germe ; ne rien manger de ce qui a vie, pas même des légumes ou des grains encore susceptibles de germer ; éviter en marchant d'écraser les fourmis et autres insectes.

Le respect de tout ce qui est vivant est plus profondément enraciné au cœur des bouddhistes que dans celui des sectateurs d'aucune autre religion connue.

Les dix commandements de la religion siamoise défendent, en outre, de boire du vin et de manger après midi ; de fréquenter les jeux ou spectacles publics et d'écouter la musique ; de faire usage de parfums et de s'orner de fleurs ou autres parures ; de se reposer ou de dormir sur une couche qui ait plus d'une coudée de haut.

En dehors du culte bouddhique, on ne rencontre guère de religion qui compte un nombre important de sectateurs. Il existe bien une pagode consacrée au culte de la *trimourti* ou trinité brahmanique, mais ce culte est placé à un rang tout à fait secondaire. On le retrouve d'ailleurs plus ou mois bien implanté dans tous les pays où s'est établie la foi de *Câhya-Mouni*.

Le roi, très tolérant pour l'observance de tous les cultes, protège et fait respecter le christianisme.

Parmi les cérémonies, celle des funérailles est l'une des plus curieuses. Le principe même de la religion consacre la crémation qui est d'un usage général.

Les cérémonies qui accompagnent la crémation des membres de la famille royale se font avec grand apparat, énormément de luxe, et attirent un immense concours de la population.

RÈGNE ANIMAL

Parmi les nombreux quadrupèdes qui se trouvent au Siam, l'éléphant tient le premier rang par le nombre.

Il n'est point de pays dans l'univers qui en produise de plus beaux que ceux de Siam ; les plus grands ont jusqu'à douze pieds de haut.

L'éléphant est la monture ordinaire du Roi et des personnes de qualité.

L'éléphant blanc qui est le premier en dignité a de nombreux domestiques pour le soigner.

Le plus fort et le plus grand quadrupède après l'éléphant est le rhinocéros, qui vit dans les forêts. Sa peau donne lieu à un commerce actif.

C'est un préjugé universellement répandu que cet animal est l'ennemi déclaré des éléphants. Les Siamois n'ont jamais remarqué cette antipathie.

On est obligé de conduire à la Cour du Roi tous les rhinocéros que l'on prend dans les bois ; la chair de ces animaux, qui ne se nourrissent du reste que de racines, est très appréciée des Siamois.

Les forêts du Siam nourrissent des tigres de plusieurs espèces ; et quoique l'Inde semble être la patrie de ces bêtes sauvages, on peut dire que le royaume de Siam est leur séjour de prédilection. Les tigres royaux sont les plus dangereux ; ils font une guerre cruelle aux hommes et aux bêtes à cornes.

On distingue une autre espèce de tigres qu'on appelle biba ; ils sont moins féroces que les tigres royaux, mais ils font une grande destruction de poules, de chèvres, de chevreuils et autres petits animaux.

Les forêts sont remplies de chats musqués. Il y a aussi une espèce de fouine qui donne du musc, mais dont la qualité est inférieure à celle des chats musqués et des rats musqués.

Les Siamois élèvent peu de bestiaux, parce que leur religion défend de se nourrir de leur chair, l'élevage est de plus onéreux, néanmoins ils ont des bœufs domestiques.

On rencontre aussi des ours dans les forêts siamoises, mais assez peu sur les côtes du royaume. On n'y voit point de lions; ces animaux sont inconnus dans l'Inde et il semble que l'Afrique soit leur terre d'origine. Les sangliers sont fort rares, mais les cochons sauvages se sont extrêmement multipliés dans les bois.

Les cerfs et les biches errent en grand nombre dans les forêts.

Les rives du Menam sont habitées par des singes de plusieurs espèces et de différentes grosseurs.

On trouve encore dans les forêts, des lézards volants, des caméléons, des tortues, des hérisons, des loutres, etc.

Les chevaux sont rares au Siam et ceux de l'armée viennent de Batavia. D'ailleurs, ces animaux ne peuvent être d'une grande utilité dans un pays coupé de rivières et couvert d'eau pendant cinq mois de l'année. En raison de la rareté des subsistances, ils coûtent trop cher dans un pays qui ne produit ni foin, ni avoine.

Le royaume possède quantité de volatiles, qui servent soit à la nourriture, soit au commerce des plumes. Le plus bel oiseau du pays s'appelle *Caïpha*, ce qui veut dire poule du ciel : il a la grandeur d'une poule d'*Inde*, mais il est beaucoup plus leste, il a les pattes rouges, et toutes les plumes du dos et du dessus des ailes d'un noir de velours.

Après le Caïpha, il convient de citer le paon, puis les perroquets qui se sont beaucoup multipliés au Siam.

Dans la province *Tennasserim* il y a des oiseaux nommés *Oiseaux du Ciel.*

RÈGNE VÉGÉTAL

Les végétaux qui croissent dans le royaume de Siam sont presque tous différents de ceux des contrées d'Europe.

Commençons par le riz qui fait la principale nourriture des habitants.

On compte au moins quarante espèces de riz dont les principales sont : le riz gluant, le riz des montagnes, le riz rouge et le riz commun.

A citer ensuite l'arec et le bétel dont l'usage est extrêmement répandu en Asie, le maïs, les concombres, les raves, les pastèques ou melons d'eau, la menthe, le cumin, la coriandre, les patates douces et les ignames.

Dans plusieurs provinces, on cultive une plante précieuse : la pistache de terre, dont les racines touffues sont garnies d'amandes comestibles.

Les canaux et les étangs sont recouverts de lotus, de macres ou châtaignes d'eau et de liserons aquatiques.

En fait d'arbres fruitiers : le palmier à éventail, qui croît très lentement et ne donne guère de fruits qu'au bout de quinze ans. Le plus commun des palmiers est le cocotier trop connu pour que nous en fassions la description ; le palmier sagou abonde surtout dans la presqu'île Malaise.

Au Siam, le durion est considéré comme le roi des fruits ; l'arbre qui le produit a le port majestueux et étend ses branches presque horizontales ; son fruit est une baie solide, hérissée de fortes pointes, et grosse comme un melon. L'odeur du durion est extrêmement forte et rebutante pour les Européens nouvellement arrivés, mais quand on le mange, cette odeur se change en parfum délicieux.

Pour les Européens ce sont les fruits du mangoustan, très rafraîchissants et très sains, qu'ils préfèrent. Le manguier se distingue aussi par la bonté, la variété et l'abondance de ses fruits.

Mais le produit le plus commun, le moins cher et, sans contredit, le plus utile est la banane. Le bananier est une plante plutôt qu'un arbre ; il ne donne du fruit qu'une fois, après quoi il faut l'abattre, autrement il pourrirait sur pied ; mais à peine a-t-il été abattu, que le premier d'entre ses rejetons croît rapidement et ne tarde pas à donner son fruit, et ainsi des autres, de sorte que les bananiers se multiplient d'eux-mêmes et forment une génération ininterrompue.

La banane sert à la nourriture de tout le monde et pendant tout le cours de l'année.

Outre ces fruits, le Siam possède encore d'excellentes oranges dont on compte plus de vingt espèces, et des vignes sauvages qui produisent du vin.

Parmi les productions végétales utilisées pour les besoins domestiques, le bambou tient une des premières places, car c'est avec le bambou qu'on bâtit la plupart des maisons, qu'on fait des paniers, des nattes et des vases de tout genre. Après le bambou c'est le rotin qui est le plus employé dans les travaux domestiques.

Les principales substances végétales employées dans la teinture sont le sumac, le bois rose, le kélé (pour le teinture jaune), le cœur du jaquier, le safran ou bois de campêche, le jo sauvage (pour la teinture rouge) les fruits de l'ébénier pour teindre la soie en noir, le carthème pour teindre en rose, et la laque pour la couleur rouge. Cette dernière substance est une espèce de cochenille qui s'attache aux branches de certains arbres des forêts.

Les productions qu'on regarde comme objets de commerce sont : le bois de tek (bois incorruptible), la canelle, le sandal rouge, le poivre, le tabac, le café, le coton, le sucre. le benjoin, le bois d'aigle, le cardamone, la gomme-gutte, l'indigo et différentes espèces d'huiles dont la plus importante est l'huile de coton.

On trouve au Siam plusieurs des fleurs cultivées en Europe, citons notamment les suivantes : La rose, la rose d'Inde, l'immortelle, le jasmin, la belle de nuit, l'amaranthe, le petit lis, le tournesol et le laurier-rose. Selon les Siamois, ce n'est pas la rose qui est la reine des fleurs c'est le grand Nénuphar, qu'on appelle aussi Nymphea, ou lotus.

RÈGNE MINÉRAL

L'or se trouve dans plusieurs localités, mais la mine d'or la plus célèbre est celle de Bang-Taphan, dans la province de Champhon, au pied des hautes montagnes qu'on appelle les Trois-Cents-Pics. On y recueille l'or en grain, et même en pépites de la grosseur d'un grain de poivre.

On n'a pas encore signalé l'argent à l'état natif, mais il existe combiné au cuivre, à l'antimoine, au plomb et à l'arsenic.

Les mines de cuivre sont très abondantes ; presque toutes formées de carbonate de cuivre qui donne trente pour cent de métal ; presque tout le cuivre qu'on en retire a été employé, jusqu'à présent, à fondre des statues colossales.

C'est l'étain qui fait la plus grande richesse minérale du Siam, parce qu'on l'exploite en abondance dans plusieurs provinces, surtout celles de Chalang, Chaifa, Champhon, Rapri, et Pak-Phrëk.

Il y a aussi dans les montagnes de Pak-Phrëk et de Suphan des mines de plomb et des mines argentifères.

On recueille l'antimoine et le zinc dans les montagnes de Rapri.

Dans plusieurs localités du royaume, il y a des pierres précieuses ; celles-ci abondent surtout dans la province de Chanthabur. Les Chinois qui plantent le poivre tout autour de la grande montagne Sabah, en ramassent une énorme quantité ; les hautes montagnes qui environnent la tribu des *Chongs*, et les six collines qui sont à l'ouest de la ville, en recèlent en si grande abondance que les planteurs de tabac ou de cannes à sucre, établis au pied de ces collines, vendent ces pierres à la livre. Les principales sont des œils-de-chat ou pierres chatoyantes de la grosseur d'une petite noix, des topazes, des hyacinthes, des grenats, des saphirs d'un bleu foncé et des rubis de diverses nuances.

Sur les côtes du royaume apparaît en abondance l'ambre gris.

LE CALENDRIER SIAMOIS

Les Siamois ont trois calendriers dont ils se servent pour fixer les dates. Ce sont le calendrier religieux, le calendrier civil officiel promulgué en 1889 et l'ancien calendrier civil que l'on emploie encore communément.

L'ère sacrée, appelée Putt'a-Sakaraht, prend à la mort de Bouddha. L'année commence à la pleine lune du sixième mois lunaire et, le 25 avril 1899, cette ère entamait sa 2443e année. Ainsi l'ère ·bouddhiste anticipe sur l'ère chrétienne de 543 ans.

L'ancienne méthode civile de supputation des années ne se trouvait pas en rapport avec le système européen, (le calendrier siamois étant lunaire) et par suite manquait de commodité; on a jugé nécessaire d'adopter un système entièrement nouveau pour satisfaire aux besoins modernes. Le calendrier grégorien fut donc adopté, la nouvelle ère étant nommée Ratanakosindr Sok (l'ère de Bangkok). Les seules différences du calendrier nouveau style avec celui en usage dans l'Occident sont que le nouvel an siamois tombe au 1er avril et que l'année de l'érection de Bangkok en capitale est comptée pour point de départ. Les mois se nomment d'après les noms Pali des douze signes du zodiaque, le premier mois, avril, s'appelant le mois d'Aries. La date du changement fut le 1er avril 1889 qu'on a ramené au 1er de Mesayon (Aries) de la 108e année de Bangkok. Les autres jours et mois suivent l'ordre numérique jusqu'à la fin de l'année.

Le nouveau calendrier s'emploie partout officiellement, mais par ailleurs il n'a pas supplanté l'ancienne méthode.

Le peuple use encore généralement du calcul lunaire. Ainsi, dans la conversation ordinaire, un Siamois parlerait du 20 janvier, 1900, non pas comme du 20 Makarakhom, 118, mais comme du 5e jour de la lune décroissante du second mois de l'année 1261, ère chlau-sakaraht. Le commencement de cette ère qui est postérieure à l'ère chrétienne de 639 ans, fut fixé par un roi illustre, Phra-Ruang. et le 1er jour de l'an 1261 fut le 12 mars 1899, étant le premier jour de la cinquième lune siamoise. Le calendrier est sujet à beaucoup d'arrangements par les méthodes intercalaires. Ses principales périodes sont : les deux cycles, l'un de douze et l'autre de dix ans, qui s'écoulent simultanément et finissent au Grand Cycle de 60 ans, l'année de 12 ou 13 mois, le mois de 29 ou 30 jours, et le mois intercalaire. Un accord exact entre les mois siamois et ceux du calendrier grégorien est naturellement très difficile à établir.

Chaque année a un nom spécifique, dans un cycle de douze ans. Elles s'écoulent par groupes de dix. Ces décades s'appellent sok et chaque année formant la décade se distingue par un nombre Pali, en outre du nom qu'elle porte dans le cycle de douze ans. Ainsi, pendant chaque période de soixante ans, chaque année du cycle de douze ans revient à la position qu'elle avait d'abord dans le cycle de dix ans, et elle repasse par les décades dans le même ordre qu'auparavant.

Un mois lunaire comptant presque vingt-neuf jours et demi, les Siamois mettent dans les mois impairs vingt-neuf jours et dans les mois pairs trente jours, de façon à compléter cinquante-neuf jours en deux mois. Or, douze mois, dont six contiennent trente jours, et six, vingt-neuf jours, font une année de trois cent cinquante-quatre jours seulement, soit plus de onze jours de moins que l'année normale. Pour combler ce déficit, on introduit sept mois intercalaires tous les dix-neuf ans, et, de plus, toutes les fois que le septième mois ne correspond pas en réalité à la vraie position de la lune, on ajoute un jour intercalaire, en faisant un mois de trente jours. Par cette méthode, les Siamois trouvent moyen de faire correspondre leurs mois et années et saisons aux révolutions annuelles de la terre autour du soleil. En indiquant une date il faut toujours dire si elle se trouve dans la croissance ou dans la décroissance de la lune, parce que les jours du mois ne sont pas numérotés de 1 à 30 ou à 29. Dans la première moitié du mois (croissance de la lune), on numérote les jours de 1 à 15 et on recommence la notation pour la seconde moitié.

La langue siamoise n'a pas de mot distinct pour " semaine ". Les jours de la semaine, cependant, ont des noms spécifiques, dérivés des noms des planètes. Une chose importante à noter, c'est que le jour ne commence pas à minuit, mais au lever du soleil. Le jour, du lever au coucher du soleil, s'appelle wan, et les heures s'appellent mong ; ainsi douze mong font un wan. On appelle la nuit k'am et les heures de la nuit t'oom ; douze t'oom font une k'am. On divise l'heure en dix parties appelées baht, et le baht en six nat'ee (minutes). Les Siamois comptent trois saisons de quatre mois chacune : la saison chaude, la saison pluvieuse et la saison froide.

MONNAIES

Elles se divisent en trois catégories, savoir :

1° Les monnaies anciennes, de forme presque sphérique et dont l'usage se perd de jour en jour, principalement dans les centres commerciaux;

2° Les monnaies actuelles, en argent et en cuivre, de forme plate et circulaire comme celles d'Europe;

3° Les valeurs représentatives, c'est-à-dire les monnaies de compte n'existant pas à l'état de pièce.

Les monnaies ont une valeur intrinsèque équivalente à leur poids.

Ainsi, par exemple, le tical pèse 15 grammes et vaut 3 francs.

Le tableau suivant indique le nom et la valeur de ces monnaies.

MONNAIES D'ARGENT

La pièce de	1 phai	vaut......	Fr.	0 08 3/8
»	1 fuang	»		0 37
»	1 salung	»		0 75
»	1 tical	»		3 00
»	1 sung phai	»		0 16 3/4
»	2 fuangs	valent		0 75
»	2 salungs	»		1 50
»	2 ticaux	»		6 »

MONNAIES DE CUIVRE

La pièce d'un demi fuang	vaut......	Fr.	0 18 3/4
» » quart de fuang	»		0 09 3/8

La valeur représentative la plus usitée au Siam est le dollar, dont le cours est de 5 francs. Elle se divise en cent parties que l'on nomme cents; de sorte que les monnaies représentent autant de centièmes du dollar qu'elles valent de fois fr. 0 05 environ.

POIDS ET MESURES

MESURES DE LONGUEUR

4 kabiet font	1 niew.....	=	21	millimètres
12 niew »	1 k'up......	=	25	centimètres
2 k'up »	1 sauk......	=	50	centimètres
4 sauk »	1 wah......	=	2	mètres
20 wah »	1 sen.......	=	40	mètres
400 sen »	1 yote.......	=	16	kilomètres

MESURES DE SURFACE

Un sen carré fait un rai de terre à paddy. Pour les jardins ou plantations, on emploie le mot khanat au lieu de rai, mais le khanat n'est pas une étendue déterminée ; on dit simplement qu'il a une longueur et largeur d'autant de sen ou de wah. On vend le bois scié au moyen du yok qui a une longueur de 16 wah, une largeur d'un sauk. et une épaisseur d'un niew. Ainsi le yok représente une planche d'une superficie de 16 mètres carrés, et d'une épaisseur de 21 millimètres. Son volume égale le tiers d'un mètre cube.

MESURES DE VOLUME

Dans les mesures de volume le point de départ est le k'anahn ou noix de coco, que l'on suppose capable de contenir 830 des anciens fuangs, en forme de balle. Le k'anahn égale environ les 19/20 du litre. Les mesures de capacité sont : 20 k'ananh qui font 1 tang. Le tang contient donc environ 19 litres.

Pour mesurer le grain, etc., on emploie, en outre du k'anahn, le sat, ou boisseau ; le tang, un seau de bois ; et le kwien, un camion. Il paraît même que les rapports entre ces mesures, varient beaucoup, mais pour les mesures qui portent le timbre du gouvernement les rapports suivants sont fixes :

830 fuangs ronds font 1 k'anahn
25 k'anahn font 1 sat
80 sat font 1 kwien.

Et dans les affaires où l'on emploie le tang : 20 k'anahn font un tang.

100 tang font 1 kwien.

On se sert du sat seulement pour mesurer le paddy; le tang s'emploie pour le riz et d'autres objets, y compris les liquides, que l'on vend par volume. Le kwien n'est pas une vraie mesure mais simplement une expression commode pour 2.000 k'anahn.

POIDS

La monnaie d'argent siamoise est aussi l'étalon des mesures de poids du pays, le tical (baht) pesant environ 15 grammes. Le catty siamois, qui équivaut à 80 ticaux pèse environ 1.200 grammes, le double du catty chinois .

Cinquante catties font un picul (haph) qui équivaut à
60 kilogrammes. D'autres mesures de poids sont : le
tamlung, qui pèse 4 ticaux ; le salung, le quart d'un
tical ; le fuang, 1/8 tical ; le hun, 1/5 fuang, et le lee, 1/5
hun. Le hun et le lee, à parler proprement, sont des poids
chinois. Ces petits poids s'emploient pour peser l'or, la
bijouterie, la médecine, etc. Plusieurs autres poids furent
autrefois en usage, mais ceux qu'on vient de nommer sont
les seuls actuellement reconnus.

POSTES ET TÉLÉGRAPHES

Les bureaux de la poste de Bangkok restent ouverts au
public de 7 et 9 heures du matin jusqu'à 4 et 5 heures du
soir, selon la localité. Dans les bureaux de l'intérieur du pays
les guichets sont ouverts de 7 heures du matin à 4 heures
de l'après-midi. Il y a trois distributions par jour aux
bureaux de Bangkok. Les lettres marquées « Par exprès »
sont livrées par facteurs spéciaux aussitôt reçues.

Voici les timbres-poste en usage au Siam : 1 att, 2 atts,
3 atts, 4 atts, 8 atts, 10 atts, 12 atts, 24 atts, 64 atts (1
tical). Les cartes postales sont 1 1/2 att (pour l'intérieur), 4 atts (pour l'étranger) et 8 atts (étranger, réponse
payée). On vend les cartes postales d'un att au prix de
1 1/2 att.

TARIFS POSTAUX

Lettres locales qui ne dépassent pas un tical de poids,
2 atts; pour chaque tical ou fraction en dessus..   1 att.

Lettres pour l'intérieur pour chaque tical ou
fraction . . . .   4 atts.

Cartes postales, locales et pour l'intérieur, 1 1/2 att chaque carte . . . .

Imprimés (comprenant journaux, livres, photographies, papiers d'affaires, etc.) locaux et pour l'intérieur, par poids de 2 ticaux ou fraction . . . . 1 att.

Echantillons, par 2 ticaux ou fraction . . . . 1 att.

Colis postaux locaux par livre (30 ticaux) ou fraction. . . . . 6 atts.

Colis pour l'intérieur, par livre ou fraction. . 12 atts.

Lettres recommandées : le tarif ordinaire plus. 4 atts.

Mandats-poste d'une valeur ne dépassant pas 20 ticaux . . . . 8 atts.

De 20 à 40 ticaux . . . . 16 atts.

De 40 à 80 — . . . . 24 atts.

Les tarifs postaux pour l'étranger se partagent en deux parties. Ceux pour les pays voisins, tels que les Straits Settlements, Hong-Kong, la Chine, la Cochinchine, le Cambodge, l'Annam et le Tonkin, Macao, Bornéo et Sarawak, sont : pour lettres de 15 grammes, 10 atts; cartes postales, 4 atts; avec réponse, 8 atts; imprimés et échantillons, par 50 grammes, 2 atts; recommandation, 8 atts; accusés de réception, 6 atts. Pour l'Union Postale : lettres 12 atts; cartes, 4; avec réponse, 8; imprimés et échantillons, 3; recommandations, 12; accusés de réception, 6.

On reçoit des colis postaux aux bureaux de Bangkok, Ayuthia, Paknampoh, Raheng et Chiengmai à destination des pays suivants : Autriche-Hongrie, Belgique, Bulgarie, Cambodge, Cochinchine, Annam et Tonkin, Danemark, France, Allemagne, Grèce, Hong-Kong et les bureaux anglais en Chine, Inde Anglaise, Italie, Japon, Luxembourg, Macao, Pays-Bas, Inde Hollandaise, Norvège, Portugal, Roumanie, Serbie, Espagne, Malacca, Suède, Suisse, Royaume-Uni de Grande-Bretagne et Irlande.

5

On délivre à Bangkok et à Chiengmai des mandats-poste pour les pays suivants : Autriche-Hongrie, Belgique, Danemark et les Antilles danoises, Egypte, France (comprenant Monaco et Algérie), Allemagne et colonies allemandes, Hong-Kong et ports de la Chine, Italie, Japon, Luxembourg, Macao, Pays-Bas, Norvège, Portugal, Roumanie, Malacca, Suède, Suisse, Grande-Bretagne et Irlande et Etats-Unis d'Amérique.

Le tarif des mandats-poste internationaux s'élève à 8 atts par 10 ticaux. Le montant maximum pour les bureaux français est 500 francs; bureaux allemands, 400 marks; anglais, £ 10; Singapore et Hong-Kong $ 50 Mex.

Le système des mandats télégraphiques à l'étranger ne s'applique encore qu'à l'Allemagne. En outre du tarif ordinaire, l'expéditeur doit payer le prix du télégramme.

Le dernier tarif par mot pour les télégrammes expédiés dans les principaux pays étrangers à été arrêté ainsi que suit:

Destinations	via Tavoy		via Saïgon	
	ticaux	atts	ticaux	atts.
Europe	3	48	4	48
Egypte	3	00	4	60
Indes (Calcutta)		60	2	38
Ceylan (Colombo)	1	02	2	40
Cambodge et Cochinchine	3	05		10
Java	3	50	2	53
Australie (Melbourne)	6	40	5	00
Tonquin	4	00	1	34
Canton (Hoihow)	7	00	4	00
Japon	8	21	5	12
San-Francisco	5	05	6	05
New-York	4	37	5	37
Russie	4	48		

ADMINISTRATION

Au point de vue de l'administration, on divise le royaume en 18 cercles (monthon) qui sont, de plus, subdivisés en provinces (muang) selon leur importance. A la tête de chaque monthon, il y a un haut commissaire qui habite dans son district et qui est responsable devant le gouvernement central de Bangkok. A la tête de chaque province est un gouverneur responsable vis-à-vis du commissaire de son monthon. Depuis la promulgation des règlements de villages il y a trois ans (projet de Son Altesse Royale, le prince Damrong) le système d'administration a été complété et il fonctionne bien. D'après ces règlements, les provinces se divisent en districts, chacun sous un amphur; le district se subdivise en ban ou villages, et ceux-ci en Mu Ban ou hameaux. A la tête de chaque mu ban, de 10 à 20 familles, on place un doyen et ces doyens choisissent le kamnan ou chef de tout le village dans lequel leurs mu ban sont compris. Ainsi, depuis le petit groupe de familles jusqu'au département central qui dirige, surgit une responsabilité complète. Pour supprimer le brigandage dans les provinces, on a établi une gendarmerie dépendant du département de l'Intérieur, dans les monthons de Pachin, Ayuthia, Korat, Nakon, Chaisee, Rajburi et le nord-ouest, ou Tawan Tok Chieng Nua. Ce service a satisfait tout le monde, et il sera graduellement étendu à tous les monthons.

On n'a pas encore publié de budget pour présenter les détails du revenu et des dépenses du Siam, mais les chiffres ci-joints sont officiels. Ils donnent le total pour les années 116 et 117 et les prévisions pour l'année siamoise courante, 118. L'année siamoise finit le 31 mars :

REVENU

an		ticaux
116	(1897-8)	25.040.000
117	(1898-9)	27.256.000
118	(1899-1900) (estimations)	30.422.000

DÉPENSES

116	(1897-8)	24.143.000
117	(1898-9)	25.798.000
118	(1899-1900) (estimations)	30.422.000

Cette grande augmentation dans les dépenses pour 1899-1900 est due à la préparation de réformes administratives importantes et utiles.

Parmi ces réformes, on peut signaler la réglementation nouvelle, dont un des premiers résultats est d'assurer aux fonctionnaires un paiement régulier. En outre, on a accru de beaucoup les sommes assignées pour les dépenses dans les provinces, et surtout celles afférentes aux réformes judiciaires et aux travaux publics, routes, bâtiments et prisons, tandis que des crédits de plusen plus larges ont été attribués à toutes les branches de l'administration civile.

Un nouveau ministère des Revenus et de l'Agriculture a été institué, et des arrangements ont été pris pour séparer complètement le Trésor du Département de Revenu. Le nouveau ministère des Revenus et de l'Agriculture se charge d'assurer au pays l'avantage qui ressortira indubitablement d'un système d'irrigation bien conçu, et on étudie la création d'un Département d'Irrigation régulier et bien organisé. La liste civile, qui autrefois constituait un prélèvement total variable de 15 pour cent sur le revenu brut annuel, a été fixée à une somme invariable de £ 126.000 par an.

JUSTICE

L'œuvre du Ministère de la Justice, sauf en ces derniers temps, se restreignait à Bangkok, mais ce Département s'occupe maintenant de réorganiser les tribunaux dans tout le royaume. Il comporte onze hautes cours, une dans chaque monthon, et sept cours de muang, qu'il a prises au ministère de l'intérieur, tandis qu'il a enlevé au ministère du Gouvernement Local quatre cours de muang dans le monthon métropolitain. Des cours spéciales de l'armée, de la marine et du Département de la Guerre, sont encore placées sous leurs chefs respectifs et chacune d'elles a plus de pouvoir que les conseils de guerre ordinaires.

INSTRUCTION PUBLIQUE

On compte à Bangkok et dans ses environs (Monthon Krung Thep) 293 wats et 8,700 prêtres, dont 418 instituteurs. Il y a 61 écoles gouvernementales, dont 56 reçoivent des bourses, et 5 sont entièrement entretenues au frais de l'Etat. Il y a 6 écoles anglaises, un collège pour l'éducation des instituteurs des écoles anglaises et siamoises, et un « sowapa » ou externat royal de filles. Dans les monthons relevant du Département de l'Intérieur, on compte 4.408 wats et 49.593 prêtres, dont 2.928 enseignent le Siamois et 1.075 le Pali.

Selon la dernière statistique dressée en 1897, il y a 66 églises catholiques au Siam, dont 5 à Bangkok. En général, une école est adjointe à chaque église ou chapelle, et le chiffre total s'élève à 73, avec 4.465 écoliers des deux sexes.

Mission Presbytérienne Américaine : La mission siamoise a trois églises à Bangkok et plusieurs dans les villages environnants et beaucoup de chapelles, en outre, diverses écoles, fréquentées par 620 écoliers. Des hôpitaux sont adjoints à la plupart des chapelles.

Plusieurs autres missions ont des représentants dans le pays. Ceux de l'American Bible Society disposent d'une grande influence de propagande. Les autres missions comprennent les « Plymouth Brethren », les Baptistes, les Congrégationalistes et les Anglicans ; cette dernière fut établie pour les étrangers protestants et elle n'est en rapport avec aucune autre société.

L'INDUSTRIE MINIÈRE

La richesse minérale incontestable du pays ne comporte encore guère d'exploitation ; toutefois, dans de nombreux districts, on a ouvert des entreprises dont on attend de bons résultats dans un avenir prochain. De multiples concessions ont été accordées en ces dernières années. Parmi elles, les mines de Kabin fournissent régulièrement de l'or, et comme une grande extension a été donnée au machinisme de la mine (on a, entre autres, installé un moulin de 20 pilons), le rendement va bientôt augmenter. On pense que des mines de cuivre vont être ouvertes à Chantuck. Une succursale du Département des Mines a été établie à Puket et servira beaucoup l'industrie de l'étain.

LE DÉPARTEMENT FORESTIER

Le Département Forestier existe depuis trois ans et demi et treize Européens y sont employés. En 1898 il publiait deux décrets importants, l'un défendant d'abattre les petits tecks et l'autre de procéder à tout abatage, sauf condition de bail. Ce dernier interdit le travail à des centaines de petits négociants, le mettant aux mains de locataires à bail dont les opérations peuvent être contrôlées. L'œuvre du Département l'année dernière a consisté principalement dans la surveillance et dans l'arpentage des superficies dans les provinces de Lakon, de Nan et de Prè. On a reconnu depuis longtemps que l'exportation des troncs de teck était excessive et devait être réduite. On travaillait partout avec des permis ; on a substitué à ces derniers des baux qui expirent pour la plupart en 1901 et 1902. A ce moment, on aura dressé un plan d'exploitation des forêts qui produira un rendement uniforme, et qui fermera certains districts pour sauvegarder l'avenir.

CHEMINS DE FER

D'après les documents officiels qui ont paru cette année, la situation des voies ferrées serait très prospère. Voici d'ailleurs quelques détails sur l'activité des différentes lignes et sur les constructions poursuivies ou projetées :

I. — RÉSULTATS DÉTAILLÉS DU TRAFIC DU CHEMIN DE FER DE NAGARA RAJASIMA

(Extrait du Rapport annuel pour l'an 118)

(1er avril 1899 — 31 mars 1900)

1. — CIRCULATION DES VOYAGEURS

Il y a eu une grande augmentation de voyageurs pendant l'année, qui offre un total de 497.848. Les recettes totales du transport des voyageurs et des marchandises sont montées à 370.249 ticaux. Ces chiffres accusent une plus-value de 19 0/0 pour le nombre des voyageurs et de 18 0/0 pour les recettes totales. Parmi les voyageurs :

        0.26 0/0 voyagaient en 1re classe
        0.67 0/0   »   » 2e   »
        99.07 0/0   »   » 3e   »

Par rapport à l'année 117, les voyages en 1re classe ont diminué de 0.17 0/0, et ceux de 2e classe de 20 0/0.

En raison de ce résultat il a semblé juste de retirer du trafic général les voitures de 1re classe, au 1er avril. Les plus faibles chiffres du transport des personnes pendant l'année passée ont été recueillis encore au mois de septembre, comme dans l'année précédente, avec une moyenne quotidienne de 1.046 voyageurs. Le mois de mars a été le plus favorisé, avec une moyenne quotidienne de 1.863.

Quant au trafic des diverses gares, je puis indiquer qu'il y a a eu une majoration sur la vente des billets :

A Bangkok de	14 0/0
San Sen de...........	144 0/0
Klong Ransit de.......	42 0/0
Ayuthia de	5 0/0

La gare de Bangkok a présenté des totaux inférieurs a la moyenne générale annuelle. Cette conséquence est due à la stagnation du trafic d'Ayuthia qui n'a augmenté que de 5 0/0 seulement ; la concurrence des chaloupes à vapeur du Menam a été ici très active.

Pour le nombre de billets vendus aux gares, Bangkok vient au premier rang avec 166.424 billets ; Ayuthia au second avec 52.524, et Klong Rangsit au troisième avec 47.608.

Les tarifs réduits du tronçon Bangkok-Ayuthia n'ont pas produit le résultat espéré, car il n'y a eu qu'une croissance insignifiante du trafic entre les deux points. De plus, ces tarifs différentiels procurent un avantage injustifié aux habitants de la région plus méridionale et lèsent par suite les habitants des autres régions. Afin d'assurer un relèvement des recettes et en même temps d'abolir les tarifs différentiels, on a prescrit d'établir des barèmes uniformes sur toute la ligne : soit à 4 1/2 atts par kilomètre en 1re classe, 3 atts en 2e et 1 1/2 att en 3e. Cette décision entraînera une légère diminution des tarifs pour les gares septentrionales où le trafic n'est pas aussi développé et par contre une petite augmentation pour les gares méridionales.

Ces tarifs nouveaux ont été mis en vigueur le 1er avril de l'année courante et autorisent à espérer des résultats satisfaisants, mais on doit réserver les chiffres et les commentaires jusqu'au rapport de l'année prochaine. En même temps les taxes sur les bagages ont été augmentées de 40 0/0 à 60 0/0. La hausse de ces taxes sur les bagages a déterminé le public à envoyer ses paquets par les fourgons ordinaires au lieu de les confier aux trains de voyageurs, comme il faisait d'habitude, incité par la modicité du tarif.

L'article du règlement le plus important pour la grande majorité des voyageurs a été conservé intact, je veux dire la faculté de transporter avec soi dans les compartiments et gratis deux petits paquets. Le public use dans la plus large mesure de cette utile disposition.

2o MOUVEMENT DES MARCHANDISES

Le mouvement total des marchandises transportées pendant la dernière année fiscale s'est élevé à 30.810 tonnes. Les recettes totales, sous cette rubrique et pour le même laps de temps ont atteint 177.144 ticaux. L'augmentation pour l'année, a été de 36 0/0 pour le total de tonnes transportées et de 51 0/0 pour les recettes totales. Les marchandises principales ont été le paddy et les matériaux de construction de chemins de fer, comme l'année passée, mais il faut noter ce détail encourageant qu'en outre du paddy, beaucoup d'autres articles ont été achetés pour l'exportation, par exemple du bétail, des cuirs et du bois de charpente. L'année précédente ce trafic avait été très restreint.

Les recettes du transport de paddy se sont élevées à...	33.943	ticaux
Celles du bétail à..................................	8.746	»
Celles des autres marchandises appartenant aux particuliers..	70.744	»
Celles des matériaux de chemins de fer.....	63.723	»
Total.................	177.144	»

Ce tableau démontre que les recettes du transport du paddy ont été presque immuables par rapport à l'année précédente. Les recettes du transport des matériaux de chemins de fer ont augmenté de 34 0/0 ; celles des autres marchandises appartenant aux particuliers, de 107 0/0 ; celles du bétail de 481 0/0.

Sur le total des marchandises, qui s'élevait à 30.810 tonnes, Bangkok a fourni 13.710 tonnes, tandis qu'elle en a reçu 12.323.

L'on doit noter que toutes les gares, de Bang Sue à Ban Poh, n'ont expédié au total que 3 tonnes de marchandises pendant qu'elles ne recevaient que 173 tonnes. La faiblesse du trafic des marchandises entre Bangkok et Ayuthia doit naturellement être attribuée à la concurrence du Menam. Il n'y a pas de chemin de fer au monde qui puisse lutter avec une telle voie d'eau et il est probable que, pendant longtemps, aucun transport ne se développera par terre dans cette région, à moins que les grandes espérances nourries à l'endroit de Klong Rangsit ne se réalisent, ou que l'avantage de l'extrême rapidité du chemin de fer ne compense l'augmentation du prix.

On a transporté peu de bétail dans les deux premières années, malgré la modicité des tarifs. On peut ajouter qu'une révision de tout le barème de marchandise a été entrepris, afin d'augmenter partiellement le prix du fret.

II. — RÉSULTATS FINANCIERS

Les recettes totales ont été de. . . . . . 552.240 ticaux
et les dépenses de . . . . 314.757 »

Bénéfices . . . . 237.483 »

Au point de vue budgétaires, les recettes donnaient une plus-value de. . . . . 84.240 ticaux
et les dépenses une économie de. . . . 17.643 »

Par suite la majoration de bénéfice net a été de. . . . . 101.883 »

Par rapport à l'année précédente, il y a eu une augmentation de 27 0/0 sur les recettes, de 35 0/0 sur les dépenses et de 17 0/0 sur les bénéfices nets. Parmi les recettes totales 67 0/0 proviennent du transport de voyageurs et 33 0/0 du trafic de marchandises et d'autres sources. Les dépenses totales, qui s'élèvent à 57 0/0 des recettes, se partageant ainsi :

Gages et salaires	49 0/0
Dépenses générales	5 0/0
Entretien de la ligne	25 0/0
Service de transport	21 0/0

Le bénéfice net de 237.482 54 ticaux représente un taux d'intérêt de 2.9 0/0 d'un capital d'environ 8.200.000 ticaux dépensé dans la construction de la ligne Bangkok-Gengkoi. Ce bénéfice net pourra être employé très avantageusement ainsi : 2 0/0 seraient payés comme intérêt du capital (164.000 ticaux) et le reliquat de 73.482.54 ticaux, versé à un fonds de réserve.

III. — SERVICE DES TRAINS

Quoiqu'on ait inauguré un nouvel horaire le 1ᵉʳ juillet 1899, aucun changement n'est survenu dans le nombre de trains, mais on a opéré seulement quelques petites modifications dans les heures d'arrivée et de départ. Pendant toute l'année fiscale passée, un train de voyageurs a circulé journellement entre Bangkok et Gengkoi, aller et retour, un autre entre Ayuthia et Bangkok et un troisième entre Bangkok et Klong Rangsit. En outre, un train de marchandises a circulé deux fois par semaine entre Bangkok et Gengkoi.

Il ne paraissait pas possible l'année passée d'ouvrir au trafic une nouvelle partie de la ligne au delà de Gengkoi, car le transport des matériaux de construction en eût été entravé et l'achèvement de la ligne de Korat, retardé. Cet inconvénient évident n'aurait pas été réellement compensé par la mise en exploitation du tronçon Genkoi-Pak Djong, qu'on aurait pu prononcer, carle trafic dans cette région montagneuse, eût été restreint. Cependant, depuis le commencement de l'année fiscale, des trains ont été envoyés trois fois par semaine de Gengkoi à Pak Djong, à une distance de 180 kilomètres, en correspondance avec les trains de Bangkok. Ces convois prenaient aussi des voyageurs dans la mesure possible. L'administration des chemins de fer ne se tenait pas pour obligée de transporter les personnes ou les marchandises sur cette partie, et par suite, les moyens demeuraient primitifs. Souvent les voyageurs devaient chercher leurs places dans des fourgons chargés de rails, etc. Pourtant le public usait largement des facilités offertes, qui répondaient à un besoin marqué ; d'autre part, les travaux d'achèvement de la ligne n'en étaient ni entravés ni retardés.

Ces travaux sont très poussés et presque terminés, au point qu'il serait possible d'ouvrir la ligne au public jusqu'au terminus le 1er octobre, tandis que pour la ligne crémaillère Ban Phaji-Lophburi, elle peut être ouverte le 1er janvier de l'année fiscale actuelle 119.

IV. — DONNÉES STATISTIQUES

Les recettes totales par kilomètre ont atteint 4.417 ticaux, en augmentation de 27 0/0 sur l'année précédente. Par kilomètre, il a été transporté une moyenne de 3.982 voyageurs, donnant un total de 17.176.398 voyageurs-kilomètres en augmentation de 14 0/0 sur l'année 117, et de 3.800.104 ticaux-kilomètres, en augmentation de 54 0/0. Chaque voyageur a fait un parcours moyen de 34.60 kilomètres. Les recettes par voyageur ont été de 0.71 ticaux, comme l'année précédente. Chaque voyageur-kilomètre a rapporté 2.05 stangs. Chaque tonne a été transportée à une distance moyenne de 137 kilomètres, contre 109 kilomètres l'année précédente.

On explique cette augmentation de distance par ce fait que l'Administration a entrepris le transport de marchandises au delà de Gengkoi à Muok Lek et Pak Djong. Chaque tonne a payé en moyenne 6.37 ticaux, en d'autres termes, a donné un produit moyen de 4.66 stangs par tical-kilomètre.

Les dépenses du service de transport ont augmenté de beaucoup pendant l'année, à cause de l'entretien de la voie. L'entretien des locomotives est monté à 11.389 ticaux et celui des voitures à 13.624 ticaux. Le nombre des fourgons de marchandises en service s'est élevé de 97 à 211. La dépense moyenne de transport a atteint 0.30 tical par locomotive-kilomètre, en augmentation de 30 0/0 sur celle de l'année précédente. On se sert dans le trafic de 7 locomotives, dont une de garage.

On a compté 28 voitures de voyageurs et 211 fourgons ; les premières ont fait un parcours de 1.909.024 essieux-kilomètres et les fourgons un parcours de 2.050.808, soit un total de 3.959.832, donnant une moyenne par essieu de 7.888 kilomètres. Les locomotives ont fait un parcours total de 212.770 locomotives-kilomètres, soit une moyenne de 35.461 par locomotive.

2.510 trains ont été expédiés. Les voyageurs ont occupé une moyenne de 51.19 0/0 des places.

V. — ACCIDENTS

Aucun accident n'a endommagé le matériel du chemin de fer ; quatre personnes ont été tuées ou blessées par les trains.

VI. — ADMINISTRATION

L'effectif du personnel a diminué, de 63 unités dans l'année 117, à 60 en 118. Cette réduction du chiffre des employés, malgré l'augmentation du trafic et du travail qui en résultait, est due à la difficulté de trouver et de retenir des agents compétents. Cet inconvénient se manifeste surtout en dehors de Bangkok.

COMMERCE

ET

COMMUNICATIONS INTERIEURES

Le riz et le teck, comme l'on sait, constituent les exportations principales du Siam ; et la quantité et la valeur des exportations sont subordonnées à l'abondance de la récolte, dans la plus large mesure. Quoique vraisemblablement les sorties de teck doivent diminuer dans un avenir prochain, par suite des mesures de protection édictées par le gouvernement siamois en faveur de ce bois précieux, l'exportation du riz va probablement augmenter avec rapidité. Elle sera stimulée en effet par l'extension des voies ferrées (de l'importance de laquelle on peut juger par les extraits d'un rapport officiel résumé dans le chapitre précédent) auxquelles le gouvernement s'intéresse et par la mise en culture de nouveaux territoires à l'aide du développement des communications et des irrigations dans le delta du Menam. L'expansion continuelle du commerce extérieur du pays n'a été nullement due à l'emploi des moyens modernes de communication à l'intérieur, si on excepte toutefois les petites chaloupes à vapeur qui servent au trafic fluvial aux environs immédiats de la capitale ; en réalité les échanges qui se sont accrus en dix ans de $ 3.800.000 à $ 6.000.000 offrent un notable et constant progrès en dépit de tous les obstacles. Il importe de préciser ici les conditions géographiques de la contrée et de montrer comment elles ont influé dans le passé et influeront dans l'avenir, avec des méthodes nouvelles, sur les relations intérieures.

Laissons de côté cette partie du bas Siam qui comprend les états de la Péninsule malaise jusqu'à Keda et Trengkann, avec son littoral étendu, ses nombreux petits ports, ses centres miniers épars ; le royaume peut commercialement se diviser en vallée du Menam et plateau de Korat.

Nous envisagerons d'abord cette dernière région, la plus petite et la moins importante.

Elle se compose du pays élevé situé entre la grande boucle orientale du fleuve Mékong en lat. N. 18°, au nord, et les escarpements boisés appelés Dawng Rek et Dawng Pia Yen au sud et au sud-ouest. Le fleuve Mékong qui la limite au nord et à l'Est, forme ici, comme d'ailleurs plus au nord à l'extrémité du Siam, au Chieng-Sen, la frontière entre les territoires Indo-Chinois de la République Française et le Siam, frontière établie par le traité de 1893. Le plateau est peuplé principalement par une branche de la race Lao, connue sous le nom de Lao Pung Kao, Lao Klang, ou Lao central, et par quelques tribus aborigènes dans les régions montagneuses.

La population semble avoir augmenté très lentement en raison des ravages de fièvres paludéennes, de la petite vérole et du choléra, et le plateau isolé du dehors par le manque de communications n'a joué qu'un faible rôle économique. Le grand fleuve Mékong, que les explorateurs français dès le temps du brave Henri Mouhot et de la fameuse expédition de de Lagrée, jusqu'à nos jours, ont tant contribué à étudier, ne saurait être regardé comme une grande voie commerciale ; tandis que les forêts febrifères du Daung Pia Yen et des montagnes de l'Annam sont restées de sérieuses barrières à l'ouest et à l'est. Ainsi, sauf dans les dernières années, le commerce total des importations et exportations de cette région n'a pas dépassé $ 1.200.000 par an. Sur ce total $ 600.000 peuvent être mis au compte des exportations qui comprennent surtout des cardamones, des bestiaux, de la soie et des peaux. Les conditions où ce trafic s'exerçait étaient des plus décourageantes, car le seul moyen pratique de transport à travers les épaisses étendues de jungles, consistait dans les lentes et longues caravanes de bœufs de somme. Presque tout le commerce passait par la ville de Korat et par les chemins descendant au fleuve Nam-Sât. Sans doute, près du tiers de la pupulation totale du plateau se trouve dans le voisinage immédiat de Korat même. Les autres foyers les plus peuplés sont Ubon, Bassac et Nawng-Kai, tous situés sur la rive droite ou Siamoise du Mékong ; et ces régions forment les centres de distribution pour les deux tiers environ des importations totales au Korat. Les communications dans le plateau même sont rendues très malaisées par le manque d'eau pendant la saison sèche, et les inondations pendant les mois pluvieux. On se sert invariablement de charrettes à bœufs, mais, comme le pays est plat en général, des relations satisfaisantes s'établiraient bientôt entre les régions déjà citées si l'argent faisait moins défaut et si par suite le débouché pouvait s'élargir. Il est intéressant de noter que le chemin de fer, entrepris par le gouvernement depuis huit ans déjà, a enfin traversé l'enceinte des forêts et sera à la fin de l'année ouvert au commerce jusqu'à Korat même.

Son influence sur la vie et le commerce du plateau

pourra être illimitée. En effet, la difficulté du transport des objets de grande dimension sera enfin surmontée. L'agriculteur indigène, au lieu de se borner à la culture du riz pour ses propres besoins trouvera une clientèle abondante à Bangkok ; il se sentira encouragé aussi à améliorer la race des poneys qui ont déjà sur le plateau une véritable notoriété et il pourra exporter. Son habillement lui coûtera moitié moins qu'aujourd'hui, et cette économie lui permettra des dépenses d'agrément qui lui sont actuellement tout à fait interdites. Ce qui est au surplus capital, c'est que la quinine et d'autres médicaments seront à la portée des plus pauvres, et qu'ils pourront combattre avec succès désormais les maladies qui d'année en année et depuis des siècles, ravageaient le plateau.

Admettons qu'à l'est, les rapides du Mékong soient domptés par le génie et l'activité des ingénieurs et des marchands français ; une nouvelle ère s'ouvrira pour les habitants de cette partie de l'Indo-Chine, par suite de l'extension probable du commerce entre les rives françaises et siamoises du fleuve, et avec la Cochinchine et le Cambodge, mais en outre un débouché nouveau et étendu s'offrira au commerce français dans les régions que jusqu'ici le chemin de fer de Korat ne peut atteindre que très indirectement.

La partie la plus riche et la plus peuplée du Siam est celle arrosée par les affluents du delta du Ménam, dont l'origine se trouve à peu de kilomètres de la boucle orientale du grand fleuve Mékong au 20e parallèle. Tout le pays montagneux jusqu'au 17e parallèle est habité par la branche Lao Pong Dam de la race Tai et par des masses considérables des peuples plus primitifs de Ka dans les montagnes les plus inaccessibles. Là, les torrents des montagnes servent de routes, de même que les fleuves sont convertis en canaux dans les plaines.

Comme les escarpements sont couverts de forêts épaisses, l'habitant des jungles trouve son chemin dans le lit même du courant, et par là passent hommes et bêtes. Lorsque les canots ne peuvent plus flotter, les hommes et les éléphants peuvent grimper sur les rochers et passer les mares à gué. On comprend facilement que le commerce entre les vallées soit assez difficile; tout étant transporté à dos d'éléphant, de bœuf ou d'homme même, l'on ne saurait songer à faire un trafic notable de tabac, de coton ou d'autres produits. Dans la saison des pluies, les routes primitives que nous venons d'indiquer ne sont plus praticables à cause de l'impétuosité du torrent; alors les troncs de teck, depuis longtemps dressés en piles, sont tout à coup mis en marche, et le flot les emporte aux courants plus larges où, liés en radeaux, ils s'élancent vers le Sud. La vitesse moyenne d'une caravane siamoise, formée d'éléphants ou de bœufs, dépasse rarement 4 kilomètres par heure et 25 kilomètres par jour seraient généralement considérés comme une étape très rapide, s'ils étaient soutenus durant quelque temps. Que l'on considère le léger fardeau dont on peut charger les éléphants ou autres bêtes de somme dans un pays si rude, on comprendra facilement que le prix du transport par caravane de Burmah à Chieng Mai (capitale du pays Lao à l'ouest du Mékong) s'élève à quatre ou cinq fois plus que celui par bateau de Bangkok, bien que ce dernier trajet exige deux à trois fois plus de temps suivant la hauteur de l'eau du fleuve. En dépit de sa cherté, le transport par caravane à travers la frontière jusqu'à Burma paraît augmenter plutôt que diminuer, tandis que le commerce direct par bateau entre Chieng Mai et Bangkok s'accroît régulièrement et s'élève à près de $ 1.500.000. Ce dernier chiffre porte principalement sur les cordes, la laine, les shirtings blancs, les cotonnades, le poisson sec et salé, le sel, les soies fabriquées, les indiennes teintées, l'andrinople rouge, le pétrole, la quincaillerie, les lampes et les allumettes, les teintures d'aniline, les fusils et les munitions, les feuilles d'or pour les temples bouddhistes. Les exportations principales par cette route, outre le teck, sont le sticlac, le coutch, le paduk, le sapan, le cèdre, le palissandre, l'ébène et d'autres produits de la forêt. C'est un fait curieux qui n'a pas encore été expliqué d'une façon satisfaisante, que le commerce sur le Mékong entre le Laos français (rive gauche) et le Siam (rive droite) ne semble pas grandir autant que celui des autres pays Laos. Cependant en 1893 on comptait bien que ce commerce pourrait se développer et des stipulations formelles furent inscrites dans le traité franco-siamois pour stimuler la navigation et les échanges. Sous des conditions favorables, les relations sans doute croîtront sensiblement.

En attendant, le gouvernement Siamois prolonge méthodiquement la principale ligne du chemin de fer qui doit être poussée vers le nord, le long de la vallée du Ménam, et à la fin de cette année elle devra presque atteindre Lophbouri, à environ 80 milles au nord de Bangkok.

On projette une autre ligne vers l'ouest, par le Delta, dans la direction de Ratbouri et de Petchabouri ; elle passera par une partie du pays très peuplée et riche en jardins fruitiers. Cette ligne, quoique un ou deux des ponts entraînent de fortes dépenses, devra bientôt donner un bon rendement. Car les routes d'eau, creusées à grand frais, il y a des années, et qui auraient pu faire concurrence à la voie ferré, sont si bien envasées que dans la saison sèche, il est maintenant très difficile aux grands bateaux de les utiliser. Une autre ligne est projetée jusqu'à Chieng Mai.

Avec un peu de prévoyance et de minimes dépenses

pour développer l'irrigation et le transport par eau dans tout le Delta, avec aussi un plan régulier de construction et d'entretien des canaux, on arrivera à doter le Siam d'une véritable prospérité économique et on le mettra au premier rang des contrées de l'Extrême-Orient qui exportent du riz. Un programme bien conçu et modéré de chemins de fer et une méthode bien tracée d'irrigation procureront de bien plus grands résultats qu'un engouement intempestif pour la construction des chemins de fer.

Quelques bonnes routes charretières avec des ponts sur les courants les plus forts et des stations d'étapes par intervalles, rendraient aussi de remarquables services pour le transport au delà des eaux navigables et des lignes ferrées. En théorie, il existe déjà beaucoup de ces routes, mais très peu sont entretenues avec soin. A cet égard, les rajahs des états du Malai Siamois l'ont depuis longtemps emporté de beaucoup sur les administrations du haut Siam. L'usage de la bicyclette, pourtant, incite avec une irrésistible puissance au perfectionnement des routes et son influence est très évidente en des endroits comme Chieng-Mai, Lampun, Lakawn, Pré et en d'autres centres plus importants au Nord, où les autorités sont devenues tout à fait fanatiques du cyclisme. Mais les routes qui bénéficient de la sollicitude de ces autorités sont d'ordinaire simplement vicinales. Ce sont les grandes routes de caravanes qui ont le plus besoin de soins. Quoique des grandes lignes de chemin de fer doivent rapprocher les campagnes de Bangkok, et que de grandes routes doivent venir s'y amorcer, le moyen de transport le plus modique et le plus efficace dans le bas pays restera encore le fleuve et la rivière. Le peuple très habitué à naviguer, a graduellement développé les types de bateaux les plus commodes et les plus confortables qu'on trouve en Orient. L'expérience de Burmah a démontré que les chemins de fer ne se substituent pas aux fleuves — ils les suppléent seulement dans le commerce de transport et développent le trafic. En Europe même, le transport par eau subsiste pour certaines denrées et, depuis le commencement de l'ère de chemins de fer un développement énorme s'est accusé dans la navigation intérieure. Les mêmes résultats peuvent être prévus en Siam.

De grandes régions du Siam, surtout dans les provinces de l'est, sont très mal irriguées. Par exemple à Watana et dans les plaines au delà, la population est très raréfiée à cause du manque d'eau. Un chemin de fer léger pourrait y jouer un rôle énorme en exploitant le trafic direct de Battambong à Bangkok — presque tout le commerce de la première ville continuerait apparemment à suivre la même voie qu'autrefois, de préférence à la route par eau plus courte qui va à Pnom-Penh. C'est précisément dans un tel pays, que la voie ferrée prouvera sa valeur économique et civilisatrice et de plus, grâce à l'absence de difficultés géographiques sérieuses, elle ne sera pas très coûteuse. C'est là où les routes d'eau manquent, que les chemins de fer pourront révolutionner les conditions de la vie au Siam.

STATISTIQUES

DU

COMMERCE INTÉRIEUR ET EXTÉRIEUR

1899

PORT DE BANGKOK [1]

Dressées par le bureau de la statistique

des douanes

---

(1) NOTA. — Ces statistiques se rapportent presque entièrement au port de Bangkok. En outre, un commerce considérable (notamment d'étain, de riz, de bois, d'épices, etc.) se fait dans un grand nombre d'autres ports du royaume; mais il n'est compris que partiellement dans les pages suivantes.

I. — COMMERCE EXTÉRIEUR

II. — RÉSUMÉ DU COMMERCE EXTÉRIEUR

III. — CABOTAGE

I. — COMMERCE EXTÉRIEUR

A. — IMPORTATIONS TOTALES (1899)

I. — Produits imposés

des IMPORTATIONS et des EXPORTATIONS du SIAM

I. Commerce extérieur

A. — IMPORTATIONS TOTALES (1899)

I. Produits imposés

IMPORTATIONS PAR PAYS	Produits imposés		Produits exempts de droits.	
	Quantités	Valeur	Quantités	Valeur
PRODUITS TEXTILES		$		$
1. — Chowls				
1. — Palais				
De Singapour, Corges...	24.668 8/20	188.976 50		
Bombay » ...	42.425	321.891 ..		
Suisse » ...	12.680 10/20	78.579 ..		
Angleterre » ...	5.006 14/20	27.327 ..		
Total...	84.780 12/20	626.773 50		
2. — La Poons				
De Singapour, Corges...	11.820 12/20	227.542 50		
Suissse » ...	17.625 1/20	159.234 50		
Angleterre » ...	2.802 14/20	32.678 50		
Hollande » ...	1.216 14/20	16.561 ..		
Italie » ...	7.431 11/20	62.795 ..		
Indes » ...	295 6/20	8.859 ..		
Pays divers » ...	1.992 17/20	50.951 ..		
Total...	43.184 15/20	558.621 50		
3. — Sarongs				
De Singapour, Corges...	11.000 2/20	52.830 50		
Angleterre » ...	6.902 1/20	34.873 ..		
Suisse » ...	1.980 16/20	15.716 50		
Hollande » ...	419 14/20	4.895 50		
Pays divers » ...	21 12/20	642 ..		
Total...	20.324 5/20	108.957 50		
4. — Slendangs				
De Singapour, Corges...	77.424 2/20	31.148 ..		
Angleterre » ...	23.547	97.940 ..		
Suisse » ...	7.651 17/20	32.992 ..		
Hollande » ...	4.990 8/20	33.238 50		
Pays divers » ...	2.961 7/20	10.624 ..		
Total...	116.574 14/20	205.942 50		
5. — Patas				
De Singapour, Corges...	20	520 ..		
Suisse » ...	4.732 13/20	71.521 ..		
Angleterre » ...	762 2/20	9.128 ..		
Hollande » ...	371 11/20	4.161 ..		
Pays divers » ...	252 15/20	2.863 ..		
Total...	6.139 1/20	88.193 ..		

IMPORTATIONS PAR PAYS	Produits imposés		Produits exempts de droits.	
	Quantités	Valeur	Quantités	Valeur
PRODUITS TEXTILES		$		$
II. —Indiennes et Perses				
De Singapour, Pièces ...	69.042	144.935 50		
Indes » ...	55.313	128.993 50		
Angleterre » ...	31.978	90.667 ..		
Pays divers » ...	7.437	18.375 ..		
Total...	163.770	382.971 ..		
PRODUITS TEXTILES				
III. — Toiles à chemises (blanches).				
De Singapour, Pièces ...	235.692	600.510 ..		
Angleterre » ...	12.258	37.820 50		
Hollande » ...	17.000	36.110 ..		
Pays divers » ...	5.321	16.486 ..		
Total...	270.271	690.926 50		
PRODUITS TEXTILES				
IV. — Toiles à chemises (grises).				
De Singapour, Pièces ...	207.213	263.902 ..		
Indes » ...	17.876	16.798 50		
Angleterre » ...	4.238	10.817 ..		
Hollande » ...	1.750	4.475 ..		
Pays divers » ...	1.503	1.929 ..		
Total...	232.580	297.921 50		
PRODUITS TEXTILES				
V. — Drap rouge vif				
De Singapour, Pièces ...	16.002	22.606 ..		
Indes » ...	2.868	4.410 ..		
Suisse » ...	23.445	46.490 50		
Pays divers » ...	4.902	11.594 ..		
Total...	47.227	85.100 50		
PRODUITS TEXTILES				
VI. — Fil rouge vif				
De Singapour, Balles ...	1.434	117.149 ..		
Suisse » ...	216	15.588 ..		
Angleterre » ...	214	15.824 ..		
Allemagne » ...	89	7.785 ..		
Hollande » ...	22	1.807 ..		
Italie » ...	20	1.306 ..		
Total...	1.995	159.459 ..		

IMPORTATIONS PAR PAYS	Produits imposés		Produits exempts de droits.	
	Quantités	Valeur	Quantités	Valeur
PRODUITS TEXTILES		$		$
VII. — Fil blanc				
De Singapour, Balles...	2.358	170.155 ..		
Angleterre » ...	51	5.199 ..		
Italie » ...	41	2.747 ..		
Hongkong » ...	22	1.540 ..		
Indes » ...	21	2.085 ..		
Total...	2.493	181.726 ..		
PRODUITS TEXTILES				
VIII.—Fils de toute couleur sauf rouge vif.				
De Singapour, Balles ...	3.661 1/2	262.209 50		
Angleterre » ...	205	13.920 ..		
Suisse » ...	157	11.514 ..		
Allemagne » ...	3	252 ..		
Indes » ...	2	160 ..		
Total...	4.028 1/2	288.055 50		
PRODUITS TEXTILES				
IX. — Tissus en pièces autres que les toiles à chemises, indiennes, perses, et drap rouge vif.				
De Singapour, Pièces...	97.753	180.210 50	11	105 ..
Indes » ...	41.045	85.021 ..		
Hongkong » ...	32.359	42.224 50		
Angleterre » ...	30.107	138.797 50	10	50 ..
Pays divers » ...	16.021	63.689 ..	11	45 ..
Total...	217.285	509.942 50	32	200 ..
PRODUITS TEXTILES				
X. — Singlets (chargements pour les marchés seulement).				
De Singapour, Douzaine.	14.608	19.610 50		
Allemagne »	33.742	91.492 50		
Angleterre »	50.743	136.582 50		
Suisse »	2.902	7.177 ..		
Pays divers »	9.707	15.521 ..		
Total...	111.702	270.383 50		

IMPORTATIONS PAR PAYS	Produits imposés		Produits exempts de droits.	
	Quantités	Valeur	Quantités	Valeur
PRODUITS TEXTILES XI. — Divers. *		$		$
De Singapour, Paquets .	4.599	136.975 50	3	64 ..
Indes » .	855	59.257 ..		
Hongkong » .	1.274	50.751 50	1	10 ..
Angleterre » .	1.175	117.038 50	4	520 ..
Pays divers » .	1.852	166.474 50	2	18 ..
Total...	9.755	530.497 ...	10	612 ..
PRODUITS TEXTILES XII. — Coton brut.				
De Singapour, Piculs...	2.370 41	13.144 ..		
Hongkong » ...	41 43	255 50		
Total...	2.411 84	13.399 50		
LAINAGES I. — Tissus en pièce.				
De Singapour, Paquets .	122	20.449 ..		
Angleterre » .	53	20.571 ..		
Allemagne » .	76	14.665 ..		
Pays divers » .	52	11.244 ..		
Total...	303	66.929 ..		
LAINAGES II. — Autres tissus.				
De Singapour, Paquets .	50	7.380 ..		
Angleterre » .	17	3.448 ..		
Allemagne » .	5	1.106 ..		
Hongkong » .	8	307 50		
Indes » .	6	883 ..		
Pays divers » .	2	575 ..		
Total	88	13.699 50		
TOILES				
De Singapour, Paquets .	13	5.466 50	1	44 ..
Hongkong » .	2	377 ..		
Angleterre » .	10	5.254 ..	3	280 ..
Pays divers » .	4	1.836 ..	3	650 ..
Total...	29	12.933 50	7	974 ..

* Sous cette rubrique sont compris serviettes de coton, couvertures, mouchoirs, châles, rideaux, nappes, couvertures de lit, coton à coudre, etc., etc.

IMPORTATIONS PAR PAYS	Produits imposés		Produits exempts de droits.	
	Quantités	Valeur	Quantités	Valeur
SOIERIES I. — Soie grège		$		$
De Saïgon. Piculs*..	52.671/2	181.060 ..		
Hongkong » ...	32.60	149.050 ..		
Singapour.. » ...	0.711/2	285 ..		
Total...	85.99	333.095 ..		
SOIERIES II. — Chowls.				
De Singapour, Pièces ...	308	267 ..	69	1.038 ..
Hongkong, » ...	64.052	134.520 ..		
Pays divers » ...	9.957	5.017 ..		
Total...	67.317	139.804 ..	69	1.038 ..
SOIERIES III. — Tissus en pièces.				
De Singapour. Pièces...	6.627	39.457 ..	37	833 ..
Hongkong » ...	112.323	730.393 ..		
Pays divers » ...	14.114	92.521 ..	35	719 ..
Total...	133.064	862.371 ..	72	1.552 ..
SOIERIES IV. — Divers Autres que Chowls et tissus en pièce				
De Singapour, Paquets..	16	10.527 50	2	615 ..
Hongkong » ..	65	19.997 50		
Pays divers » ..	59	27.624 ..		
Total...	140	58.149 ..	2	615 ..
TOILES A SAC				
De Singapour, Balles...	7.982	506.211 55		
Indes » ...	306	27.300 ..		
Hongkong » ...	241	3.660 ..		
Total...	8.619	537.171 59		
VÊTEMENTS				
De Singapour, Paquets..	490	59.744 ..	54	2666 ..
Hongkong » ..	1.606	152.246 50	7	800 ..
Chine » ..	1.311	82.921 ..		
Indes » ..	102	14.080 50	7	287 ..
Angleterre » ..	457	99.432 ..	35	4989 50
Allemagne » ..	342	75.034 50	5	383 ..
France » ..	150	34.274 ..	5	2141 ..
Italie » ..	70	14.093 ..	1	100 ..
Pays divers » ..	184	20.558 50	38	2424 50
Total...	4.712	552.384 ..	152	13791 ..

* (Un *picul* = 133 1/3 livres).

IMPORTATIONS PAR PAYS	Produits imposés		Produits exempts de droits.	
	Quantités	Valeur	Quantités	Valeur
PRODUITS CHIMIQUES & DROGUES		$		$
De Singapour, Paquets..	3.436	58.675 ..	18	1467 ..
Hongkong » ..	4.409	111.711 ..	9	95 ..
Angleterre » ..	1.200	53.340 50	15	4640 ..
Allemagne » ..	615	27.676 50		
France » ..	650	29.295 ..	8	4807 ..
Chine » ..	570	25.710 ..		
Pays divers » ..	615	20.050 50	107	7442 ..
Total...	11.495	326.458 50	157	18451 ..
COULEURS, TEINTURES, ETC.				
De Singapour, Paquets..	15.617	48.269 ..		
Hongkong » ..	2.341	18.213 ..		
Chine » ..	3.500	17.531 50		
Angleterre » ..	5.362	26.812 ..		
Allemagne » ..	1.080	5.442 ..		
Pays divers » ..	1.528	2.398 50		
Total...	29.428	118.666 ..		
HUILES : PÉTROLES				
Des Indes Néerlandaises, Gallons	1.801.564	355.374 50		
Russie »	946.154	181.874 ..		
Total...	2.747.718	537.248 50		
HUILES				
HUILE DE RICIN, DE NOIX DE COCO, HUILE POUR MACHINES, HUILE DE BOIS, TÉRÉBENTINE.				
De Singapour, Paquets..	56 429	301.336 ..	53	1545 ..
Hongkong » ..	4.035	23.471 50		
Pays divers » ..	1.286	11.965 ..	5	50 ..
Total...	61.750	336.772 50	58	1595 ..
MACHINES				
De Singapour, Paquets..	670	325.119 ..	2	9507 50
Angleterre » ..	2.361	299.918 50	45	20387 50
Etats-Unis » ..	685	31.810 50	3	182 ..
Allemagne » ..	287	31.738 ..		
France » ..	31	7.125 ..		
Pays divers » ..	188	6.413 50	5	128 ..
Total...	1.222	702.124 50	55	30205 ..

* (Un gallon = 4, 5348 litres).

IMPORTATIONS PAR PAYS	Produits imposés		Produits exempts de droits.	
	Quantités	Valeur	Quantités	Valeur
CHARBON		$		$
De Singapour, Tonnes..	4.114	70.344 ..	600	16500 ..
Angleterre » ..	1.963	84.019 ..		
Australie » ..	200	2.804 50		
Japon » ..	5.604 1/2	56.520 ..		
Hongkong » ..	936 1/2	11.068 ..		
Sarawak » ..	640	5.120 ..		
Tonkin » ..	70	700 ..		
Belgique » ..	20	600 ..		
Total...	16.548	231.175 50	600	16500 ..
CHARBON DE BOIS				
De Singapour, Piculs...	59.400	59.549 50	20	23
CYCLES ET ACCESSOIRES				
De Singapour, Pièces...	564	74.406 ..	32	4388 ..
Indes » ...	92	8.856 ..		
Hongkong » ...	57	7.201 ..	1	58 ..
Saïgon » ...	3	128 ..		
Angleterre » ...	194	26.992 ..	13	1922 ..
Etats - Unis » ..	706	49.387 ..	5	416 ..
Allemagne » ...	34	3.861 ..	1	107 ..
France » ...	4	343 ..		
Danemark » ...	3	362 ..	2	255 ..
Pays divers » ...	15	1.374 ..	1	104 ..
Total...	1.672	172.910 ..	55	7250 ..
VAISSEAUX				
De Danemark, Pièces...	2	34.135 ..		
Angleterre » ...			5	5000 ..
Allemagne » ...			1	275 ..
Hongkong » ...			1	60 ..
Total...	2	34.135 ..	7	5335 ..
QUINCAILLERIE ET COUTELLERIE				
De Singapour, Paquets..	1.294	77.632 ..	5	210 50
Hong-Kong » ...	2.139	30.682 ..		
Indes » ...	111	10.392 50		
Chine » ...	2.304	37.045 ..		
Angleterre » ...	581	51.385 50	1	120 ..
Allemagne » ...	474	44.198 ..	1	119 ..
Autriche » ...	88	13.077 ..		
Etats-Unis » ...	182	9.553 50	11	502 ..
France » ...	10	2.560 ..		
Pays divers » ...	150	4.508 50	1	2 ..
Total...	7.333	251.034 ..	19	953 50

IMPORTATIONS	Produits imposés		Produits exempts de droits.	
PAR PAYS	Quantités	Valeur	Quantités	Valeur
CUIVRE JAUNE ET BRONZE		$		$
De Singapour, Paquets..	2.654	226.957 50		
Pays divers » ...	335	33.853 50		
Total...	2.989	260.811 ..		
PLOMB ET ARTICLES DE PLOMB				
De Singapour, Paquets..	1.390	15854 50		
Hong-Kong » ...	372	3.645 50		
Chine » ...	688	3.995 ..		
Pays divers » ...	376	3.617 ..		
Total...	2·826 ..	27.112 ..		
ZINC ET ARTICLES DE ZINC				
De Singapour, Paquets..	3.245	68.332 50		
Angleterre » ...	219	3.904 ..		
Allemagne » ...	80	4·324 50		
Belgique » ...	50	1.691 ..		
Pays divers » ..	77	1.082 ..	2	120 ..
Total...	3.671	79.334 ..	2	120 ..
ACIER				
I. — Barres et plaques.				
De Singapour, Paquets..	9.486	50.490 50		
Angleterre » ...	1.083	9.063 ..		
Pays divers » ...	514	5.759 ..		
Total...	11.083	65.312 50		
ACIER				
II. — Rails				
D'Angleterre Paquets..				
Total...				145074..
ACIER				
III. — Divers produits d'acier et de fer non classés ci-dessus.				
De Singapour, Paquets..	1.697	17.059 50	18	463 ..
Angleterre » ...	787	40.759 ..	1	16 ..
Pays divers » ...	248	5.458 50		
Total...	2.732	68.257 ..	19	479 ..

IMPORTATIONS PAR PAYS	Produits imposés		Produits exempts de droits.	
	Quantités	Valeur	Quantités	Valeur
CUIVRE ET OBJETS EN CUIVRE		$		$
De Hong-Kong Paquets..	470	33.779 50		
Singapour » ...	257	9.619 50		
Allemagne » ...	64	3.249 ..		
Angleterre » ...	10	6.520 ..		
Pays divers » ...	29	851 50		
Total...	830	54.019 50		
CUIVRE JAUNE				
De Hong-Kong Paquets..	15	1.867 ..		
Singapour » ...	230	21.929 50		
Angleterre » ...	22	3.150 ..		
Total...	267	26.946 50		
FER				
I. — Barres, fer à cornières, à boulons.				
De Singapour, Paquets..	26.754	40.048 ..		
Hong-Kong » ...	1.224	2.967 ..		
Angleterre » ...	5.608	15.079 ..		
Pays divers » ...	400	751 ..		
Total...	33.986	58.845 ..		
FER				
II. — Tôles et plaques.				
De Singapour, Paquets..	6.887	210.501 50		
Hong-Kong » ...	455	5.172 50		
Angleterre » ...	1.509	68.075 50		
Pays divers » ...	4	127 ..		
Total...	8.855	283.876 50		
FER				
III. — Fil de fer, cordes de fer, câbles.				
De Singapour, Paquets..	1.262	23.665 50	3	47 ..
Hong-Kong » ...	126	1.985 ..		
Angleterre » ...	53	4.746 ..	63	440 ..
Pays divers » ...	105	2.113 ..	1	159 ..
Total...	1.546	32.509 50	67	646 ..

9

IMPORTATIONS PAR PAYS	Produits imposés		Produits exempts de.droits.	
	Quantités	Valeur	Quantités	Valeur
FER IV. — Fer forgé, objets de fer forgé.		$		$
De Singapour, Paquets..	12.202	69.034 50		
Hong-Kong » ...	754	4.165 50		
Angleterre » ...	3.027	18.113 ..		
Allemagne » ...	97	3.415 ..		
Belgique » ...	1.725	7.221 ..		
Etats-Unis » ...	18	1.848 50		
Indes » ...	110	1.601 ..		
Pays divers » ...	202	3.483 ..		
Total...	18.135	108.881 50		
FER V. — Fonte et produits en fonte.				
De Singapour, Paquets..	3.143	41.829 ..	1	53 ..
Hongkong » ..	2.985	13.731 ..		
Chine » ..	6.660	30.545 50		
Angleterre » ..	603	7.600 ..	268	4300 ..
Allemagne » ..	513	15.123 ..		
Italie » ..	91	5.400 ..		
Pays divers » ..	581	5.037 ..	9	1419 ..
Total...	14.576	119.265 50	278	5772 ..
MÉTAUX DIVERS ET OBJETS DE METAL				
De Singapour, Paquets..	645	27.815 50	41	366 ..
Indes Néerlandaises » ..	10.640	47.607 ..	1	300 ..
Angleterre » ..	5.791	48.863 ..	2	985 ..
Pays divers « ..	257	6.113 ..	4	97 ..
Total...	17.333	130.398 50	48	1748 ..
AMEUBLEMENT				
De Singapour, Paquets..	1.146	21.986 ..	240	7167 ..
Hongkong » ..	2.002	22.364 ..	52	498 ..
Angleterre » ..	243	22.299 ..	30	3320 ..
Pays divers » ..	1.846	10.458 50	131	12850 ..
Total...	5.237	77.107 50	453	28835 ..
LAMPES				
De Singapour, Paquets..	1.317	45.204 50	12	309 ..
Hongkong » ..	1.082	25.932 50	2	276 ..
Allemagne » ..	321	15.994 50		
Pays divers » ..	736	38.125 ..	14	1370 ..
Total...	3.459	125.256 50	28	1955 ..

IMPORTATIONS PAR PAYS	Produits imposés		Produits exempts de droits.	
	Quantités	Valeur	Quantités	Valeur
PAILLASSONS et PRODUITS DE ROTIN, BAMBOU et PAILLE.		$		$
L'ameublement et les vêtements ne sont pas compris sous cette rubrique).				
De Singapour, Paquets..	40.928	92.413 50	10	88 ..
Hongkong » ..	20.325	72.095 50	1	7 ..
Chine » ..	24.361	70.444 ..	2	75 ..
Total...	85.614	234.953 ..	13	170 ..
PORCELAINE ET FAIENCE				
I. — Ordinaire.				
De Hongkong, Paquets..	328.223	281.698 ..	1	7 ..
Chine » ..	42.281	57.741 50		
Pays divers » ..	1.206	5.321 50	117	300 ..
Total...	371.710	344.761 ..	118	307 ..
PORCELAINE ET FAIENCE				
II. — Bonne qualité.				
De Singapour, Paquets..	204	9.536 50	14	437 ..
Angleterre » ..	170	8.574 ..		
Allemagne » ..	252	13.042 50		
Pays divers » ..	1.370	14.970 50	27	3.591 ..
Total...	1.996	46.123 50	41	4.028 ..
VERRES et CRISTAUX				
De Singapour, Paquets..	899	25.330 ..	7	240 ..
Hongkong » ..	4.716	33.371 50		
Angleterre » ..	223	9.992 50		
Allemagne » ..	652	20.234 50		
Pays divers » ..	296	7.984 50	15	875 ..
Total...	6.786	96.913 ..	22	1.115 ..
BOIS SCIÉ et NON SCIÉ				
I. — Planches.				
De Singapour, Pièces...	1.973.884	264.507 ..		
Saïgon ..» ...	5.198	563 ..		
Total...	1.979.082	265.070 ..		

IMPORTATIONS	Produits imposés		Produits exempts de droits.	
PAR PAYS	Quantités	Valeur	Quantités	Valeur
BOIS SCIÉ et NON SCIÉ		$		$
II. — Chevrons.				
De Singapour, Pièces...	243.922	35.282 50		
BOIS SCIÉ et NON SCIÉ				
III. — Bois d'équarrissage.				
De Singapour, Pièces...	10.215	1.480 ..		
BOIS SCIÉ et NON SCIÉ				
IV.—Bois à grains serrés.				
De Hongkong. Livres...	126	8 ..		
BOIS SCIÉ et NON SCIÉ				
V. — Palissandre.				
Du Cambodge, Pls......	400	840 ..		
MANUFACTURES DE BOIS AUTRES QUE L'AMEUBLEMENT.				
De Singapour, Paquets..	768	1.985 50		
Hongkong » ..	279	7.095 ..		
Pays divers » ..	112	1.880 50		
Total...	1.159	10.961 ..		
FEUX D'ARTIFICE, PÉTARDS, ETC.				
De Hongkong, Paquets..	11.572	109.988 ..		
Chine » ...	9.297	80.647 ..		
Pays divers » ...	12	349 50		
Total...	20.881	190.984 50		
PAPIER				
I. — Ordinaire et pour imprimerie				
De Singapour, Paquets..	380	12.574 ..	8	78 ..
Hongkong » ..	208	2.832 50		
Angleterre » ..	546	22.159 ..	23	1.748 ..
Allemagne » ..	391	9.674 ..	2	10 ..
Autriche » ..	30	1.392 ..		
Etats - Unis » ..	155	4.577 ..		
Indes » ..	350	9.728 ..		
Pays divers » ..	56	472 50	3	65 ..
Total...	2.116	63.409	38	1.901 ..

IMPORTATIONS PAR PAYS	Produits imposés		Produits exempts de droits.	
	Quantités	Valeur	Quantités	Valeur
PAPIER		$		$
II. — Tout papier non classé ci-dessus.				
De Hongkong, Paquets..	23.758	79.220 ..	2	20 ..
Chine » ..	11.424	36.399 50		
Singapour » ..	116	7.821 50		
Indes » ..	114	5.036 50	1	100 ..
Angleterre » ..	96	5.695 ..	2	1.260 ..
Allemagne » ..	64	4.902 ..		
Etats-Unis » ..	96	2.746 ..		
Pays divers » ..	2.865	4.109 50	5	149 ..
Total...	38.533	145.939 ..	10	1.529 ..
PAPETERIE				
De Singapour, Paquets..	192	12.367 ..	14	1.947 50
Hongkong » ..	62	3.931 ..		
Chine » ..	163	7.895 50		
Indes » ..	112	8.843 ..		5 ..
Angleterre » ..	239	24.521 ..	19	4.190 ..
Allemagne » ..	97	9.721 ..	2	55 ..
Etats-Unis » ..	17	1.282 50	13	611 ..
Pays divers » ..	143	7.353 ..	21	259 ..
Total...	1.025	75.914 ..	69	7.067 50
LIVRES ET IMPRIMÉS				
De Chine, Paquets..	31	1.190 50		
Hongkong » ..	22	1.907 ..		
Singapour » ..	18	2.244 ..		
Angleterre » ..	28	3.539 50	23	1.938 ..
Etats-Unis » ..	20	1.745 ..	9	578 ..
Pays divers » ..	30	1.725 50	63	5.939 ..
Total...	149	12.351 50	95	8.455 ..
CUIR ET PRODUITS DE CUIR				
De Singapour, Paquets..	143	20.788 50	28	1.993 ..
Hongkong » ..	933	23.252 50		
Pays divers » ..	432	46.600 ..	18	1.504 ..
Total...	1.508	90.641 ..	46	3.497 ..

IMPORTATIONS	Produits imposés		Produits exempts de droits.	
PAR PAYS	Quantités	Valeur	Quantités	Valeur
CIMENT		$		$
De Singapour, Caisses..	8.134	47.965 ..		
Hongkong » ..	1.280	7.235 ..	100	500 ..
Danemark » ..	8.109	44.832 ..		
Allemagne » ..	356	3.365 ..		
Angleterre » ..	232	2.587 ..		
Belgique » ..	112	600 ..		
Pays divers » ..	320	314 ..		
Total...	18.543	106.898 ..	100	500 ..
ALLUMETTES				
De Hongkong, Paquets..	17.975	252.001 ..		
Pays divers » ..	204	3.917 ..		
Total...	18.179	255.918 ..		
SAVON				
De Singapour, Paquets..	2.002	25.184 50	6	70 ..
Hongkong » ..	488	2.147 ..		
Indes » ..	7	487 ..		
Angleterre » ..	1.608	13.957 ..		
Allemagne » ..	939	3.503 ..		
Belgique » ..	1.000	2.731 ..		
Italie » ..	260	1.196 ..	1	3 ..
Pays divers » ..	143	1.097 50	4	42 ..
Total...	6.447	50.303 ..	11	115 ..
CORDE, CABLE, FICELLE, FIL				
De Singapour, Paquets..	8.699	46.820		
Hongkong » ..	1.655	26.625		
Chine » ..	935	13.304		
Indes » ..	1.607	12.555		
Pays divers » ..	163	1.184		
Total...	13.059	100.488		
BIJOUTERIE				
De Singapour..........		593 ..		
Indes		1.465 ..		
Angleterre		65.909 ..		
Allemagne		25.094 ..		
Pays divers		641 ..		
Total...		93.702 ..		

IMPORTATIONS PAR PAYS	Produits imposés		Produits exempts de droits.	
	Quantités	Valeur	Quantités	Valeur
PIERRES PRÉCIEUSES		$		$
De Singapour		35.136 ..		
Indes		60.268 ..		
Pays divers		27.072 ..		
Total...		122.476 ..		
OBJETS D'OR ET D'ARGENT				
De Singapour, Paquets..	5	1.133 50		
Pays divers » ..	16	20.236 ..		
Total...	21	21.369 50		
BIJOUTERIE, PIERRES PRÉCIEUSES				
Objets d'or et d'argent exempts de droits.				
De Singapour				47416 ..
Angleterre				224.072 50
Allemagne				28741 ..
Hongkong				1132 ..
Belgique				10416 ..
Pays divers				226 ..
Total...				312.003 50
OBJETS D'ART				
De Japon		636 ..		
Pays divers				1924 ..
Total...		636 ..		1924 ..
PROVISIONS				
De Singapour, Paquets..	58.888	346.678 50	358	6673 ..
Hongkong » ..	719.928	937.839 ..	298	276 ..
Saïgon » ..	3.721	31.917 ..		
Chine » ..	185.055	333.731 ..		
Pays divers » ..	12.781	156.436 ..	270	8682 50
Total...	980.373	1.806.601 50	926	15631 50
SUCRE RAFFINÉ				
De Singapour, Paquets..	37.451	442.693 50	1	25 ..
Hongkong » ..	43.112	293.818 ..	1	20 ..
Pays divers » ..	99	583 ..		
Total...	80.662	737.094 50	2	45 ..

IMPORTATIONS PAR PAYS	Produits imposés		Produits exempts de droits.	
	Quantités	Valeur	Quantités	Valeur
SUCRE BRUT		$		$
De Singapour, Paquets..	3.945	5.757 ..		
Hongkong » ..	6.707	25.139 50		
Chine » ..	17.935	122.362 ..		
Total...	28.587	153.258 50		
TABACS				
I. — Tabac, cigares, cigarettes.				
De Singapour, Paquets..	5.654	61.069 ..	11	811 ..
Hongkong » ..	3.975	93.068 ..	14	118 ..
Chine » ..	588	21.661 50		
Danemark » ..	26	8.187 ..		
Angleterre » ..	49	5.313 50	2	55 ..
Allemagne » ..	27	2.493 50	5	543 ..
Hollande » ..	19	3.432 ..		
Burma » ..	28	1.654 ..	7	169 ..
Pays divers » ..	958	18.168 50	1	162 ..
Total...	11.324	215.047 ..	40	1.858 ..
TABACS				
II. — Tabacs divers, autres que ceux mentionnés ci-dessus.				
De Singapour. Paquets..	161	8.190 ..		
Hongkong » ..	16	1.329 50		
Pays divers « ..	45	6.523 ..		
Total...	222	16.042 50		
ANIMAUX				
I. — Chevaux et poneys.				
De Singapour, Têtes....	26	4.470 ..	42	13595 ..
Pays divers »	4	450 ..	2	400 ..
Total...	30	4.920 ..	44	13995 ..
ANIMAUX				
II. — Moutons.				
De Singapour, Têtes....	8	83 ..		
Hongkong »	532	5.352 ..		
Chine »	89	890 ..		
Total...	629	6.325 ..		

IMPORTATIONS PAR PAYS	Produits imposés		Produits exempts de droits.	
	Quantités	Valeur	Quantités	Valeur
ANIMAUX		$		$
III.—Porcs, volailles, etc.				
De Singapour, Têtes....	24	166 ..		
Hongkong »	140	141 50	45	51 ..
Chine »	1.260	528 50	18	150 ..
Total...	1.424	836 ..	63	201 ..
ARMES				
De Singapour............		2.277 ..		
Angleterre............		8.902 ..		
France..............		36.000 ..		
Allemagne		1.748 ..		
Pays divers..........		2.255 ..		
Total...		51.182 ..		
MUNITIONS DE GUERRE ET EXPLOSIFS				
De Singapour, Paquets.	39	2.568 50		
Angleterre »	23	2.002 ..		
Pays divers »	5	271 ..		
Total...	67	4.841 50		
MARCHANDISES NON CLASSÉES *				
De Singapour, Paquets.	24.536	283.714 50	594	32170 50
Hong-Kong »	47.785	309.504 50	74	10494 ..
Chine »	7.334	55.821 50		
Angleterre »	2.550	103.596 ..	115	15772 50
Allemagne »	1.599	257.600 ..	17	1379 ..
Etats-Unis »	341	29.549 ..	49	2892 ..
Indes »	313	24.708 ..	12	2825 ..
France »	83	21.395 ..	10	821 ..
Suisse »	21	9.236 ..	2	70 ..
Italie »	268	5.945 ..	7	1571 ..
Pays divers »	1.019	20.656 50	300	10338 ..
Total...	85.849	1.121.726 ..	1.180	78333 ..

* Sous cette rubrique sont compris tous les produits sans dénomination officielle qui n'ont pas été classés dans les catégories ci-dessus.

COMMERCE EXTÉRIEUR

A. — **Importations de l'année 1899.** — 2. Produits taxés par la régie. — 3. Produits exempts de droits de douane.

B. — **Exportations de l'année 1899.** — 1. Produits soumis aux droits d'exportation. — 2. Produits affranchis de droits d'exportation mais soumis aux droits d'importation. — 3. Produits affranchis de droits d'importation et de droits d'exportation. — 4. Produits de re-exportation.

C. — **Compte général du Commerce maritime (1899).** — Navires passés en douanes (entrées et sorties). — Appendice. Nombre de passagers arrivés et partis pendant l'année.

D. — **Part de chaque nation dans le commerce maritime.**

E. — **Colis entiers ou divisés importés et exportés.**

I. — COMMERCE EXTÉRIEUR

A. — Importations de l'année 1899. — 2. — Produits taxés par la régie

IMPORTATIONS PAR PAYS	Produits imposés		Produits exempts de droits.	
	Quantités	Valeur	Quantités	Valeur
		$		$
BIÈRE				
De Singapour, Caisses.	6.324	74.166 50	13	162 ..
Angleterre »	659	8.103 ..		
Allemagne »	1.435	14.989 50		
Pays divers »	2.349	18.300 50	15	164 ..
Total...	10.767	115.559 50	28	326 ..
VINS (Champagne, et Vermouth compris).				
De Singapour, Paquets.	1.623	14.998 50	18	383 ..
Angleterre »	591	8.440 50		
Allemagne »	2.256	12.431 50		
France »	989	10.723 ..		
Pays divers »	1.425	31.608 50	330	7.361 ..
Total...	6.884	78.202 ..	348	7.744 ..
EAUX-DE-VIE				
De Singapour, Caisses.	13.727	47.785 ..	3	44 ..
Allemagne »	18.985	59.447 ..		
Angleterre »	73	1.303 ..	1	30 ..
France »	671	6.654 ..	10	242 ..
Pays divers «	404	4.124 ..	1	120 ..
Total...	33.860	119.313 ..	15	436 ..
WHISKY				
De Singapour, Caisses.	2.639	15.696 ..		
Angleterre »	4.997	37.309 ..		
Pays divers »	4.890	21.364 ..		
Total...	12.526	74.369 ..		
SAMSHOO				
De Hong-Kong Paquets.	18.033	39.524 ..		
Chine »	142.369	253678 50		
Total...	160.102	292.202 50		
LIQUEURS (autres que eaux-de-vie, whisky et samshoo).				
De Singapour, Paquets.	646	4.611 50		
Allemagne »	735	3.492 50		
Angleterre »	381	2.108 50	6	33 ..
Danemark »	275	3.584 ..		
Hollande »	248	1.492 ..	2	45 ..
Belgique »	237	1.341 ..		
France »	46	632 ..	11	36 ..
Pays divers »	112	1.268 ..	46	1.167 ..
Total...	2.680	18.529 50	65	1.281 ..

I. — COMMERCE EXTÉRIEUR

A. — Importations de l'année 1899. — 3. — Produits exempts de droits de douane

IMPORTATIONS PAR PAYS	PRODUITS EXEMPTS DE DROITS	
	Quantités	Valeur
OR EN FEUILLE		$
De Hong-Kong, Taels....	55.950	2.953.195
Chine » ..	2.250	120.100
Total...	58.200	3 073.295
MÉTAUX (Or et argent, monnaie et lingots)		
De Singapour, Paquets.	509	1.527.904
Pays divers » ..	252	642.731
Total...	761	2.170.635
OPIUM (Importations du gouvernement)		
De Singapour, Caisses..	1304	1.005.298
SACS DE TOILES		
Permis au 1er avril 1899 pour des paquets importés pour re-exportation et quelques permis d'avril et de mai 1899).		
De Singapour, Balles...	3.750	208.853
Indes » ..	360	23.916
Hong-Kong » ..	76	3.040
Total...	4.186	235.809

I. — COMMERCE EXTERIEUR

B. -- Exportations de l'année 1899. — 1. -- Produits soumis aux droits d'exportation

EXPORTATIONS PAR PAYS	Produits imposés		Produits exempts de droits.	
	Quantités	Valeur	Quantités	Valeur
BECHE DE MER		$		$
A Hong-Kong, Piculs...	167	38 ..		
BETELNUT séché				
A Singapour, Piculs...	40 13	120 ..		
Hong-Kong » ...	27 21	224 ..	0.50	3. ..
Total...	67.34	344 ..	0.50	3. ..
OS, I. — Buffle et vache				
A Hong-Kong, Piculs...	2.961.43	2.698 ..		
Chine » ...	1.027.10	1.172 ..		
Total...	3.988.53	3.870 ..		
OS, II. — Éléphant.				
A Hong-Kong, Piculs...	109.68	1.414 ..		
OS, III. — Tigre.				
A Singapour, Piculs...	0.04	5 ..		
Hong-Kong » ...	37.96 1/2	3.250 ..		
Total...	98.00 1/2	3.255 ..		
BOUVILLONS				
A Singapour, Têtes...	15.558	581.267		
CARDAMONES, I. — Bâtard.				
A Singapour, Piculs...	28.40	2.000		
Hong-Kong » ...	1.970.083|4	64.250 50		
Total...	1.998.483|4	66.250 50		
CARDAMONES, II. — Les meilleurs.				
A Singapour, Piculs...	0.01 3/4	1 ..		
Hong-Kong » ...	136.72	14.884 ..		
Total...	136.733|4	14.885 ..		
CACHOU				
A Singapour, Piculs...	0.51	13 ..		
Hong-Kong » ...	44.65	772 ..		
Total...	45.16	785 ..		

EXPORTATIONS	Produits imposés		Produits exempts de droits.	
PAR PAYS	Quantités	Valeur	Quantités	Valeur
PLUMES (Queues de paon)		$		$
A Singapour, Queues...	1	0 50		
Hongkong » ...	21	19 ..		
Total...	22	19 50		
POISSON. I. — Plaheng				
A Singapour, Piculs....	9.832.80 1/2	124.213 ..	0 17	2 56
Hongkong »	1.725.19 1/4	20.388 50	2 82	55 50
Chine »	1.50	15 ..		
Total ..	11.559.493|4	144.616 50	2 99	58 ..
POISSON. II. — Plasalit				
A Singapour, Piculs....	9485.52 1/4	104.690 ..	1 58	1 ..
Hongkong »	165.91	1.759 ..		
Total...	9601.43 1/4	106.449 ..	1.58	1 ..
GOMME-GUTTE				
A Singapour, Piculs....	115.35 1/2	6.390 ..		
Hongkong »	3 75	320 ..		
Indes »	7.83	480 ..		
Total...	126.93 1/2	7.190 ..		
COLLE-FORTE (de Tigre)				
A Hongkong, Piculs....	1.98 3/4	459 50	0 09	36 ..
GOMME				
A Singapour, Piculs....	165.66 1/2	8.566 ..		
Hongkong »	0.07	2 ..		
Angleterre »	81.52	6.840 ..		
Pays divers (Europe) »	17.63	1.377 ..		
Total...	264.88 1/2	16.785 ..		
CHANVRE				
A Singapour Piculs				
Hongkong, »	4.29 14/16	55 ..		
Chine »	7.27	90 ..		
Saïgon »	21.75	386 ..		
Total...	33.31 14/16	531 ..		
PEAUX I. — Buffles et Vaches				
A Singapour, Piculs....	21.864.98	37.589 ..		
Hongkong »	750.35 1|2	6.906 ..		
Angleterre »	463.74	10.000 ..		
Total...	23079.07 1/2	394.495 ..		

EXPORTATIONS PAR PAYS	Produits imposés		Produits exempts de droits.	
	Quantités	Valeur	Quantités	Valeur
PEAUX II. — Cerf, 1re qualité		$		$
A Singapour, morceaux.	22.793	31.893 ..		
Hongkong » .	459	170 ..		
Total...	23.252	320.63 ..		
PEAUX III. — Cerf, ordinaire				
A Singapour, morceaux.	1.340	1.800 ..		
Hongkong » .	81.629	33.757 ..		
Total...	82.969	35.557 ..		
PEAUX IV. — Eléphants				
A Hongkong, Piculs....	42.44	264 ..		
PEAUX V. — Rhinocéros				
A Hongkong, Piculs....	8.21 3/4	221 ..	0 47	16 ..
PEAUX VI. — Coupures				
A Singapour, Piculs....	106 43	650 ..		
Hongkong »	167 06 1/4	879 ..		
Total...	269 49 1/4	1.529 ..		
CORNES I. — Buffles				
A Singapour, Piculs....	1.102 43 1/2	16.031 ..		
Hongkong »	885 50 1/4	11.968 .		
Angleterre »	127 94	1.918 ..		
France »	517 93	7.069 ..		
Pays divers (Europe) »	1.182 33	15.535 50		
Total...	3.817 13 3/4	52.512 50		
CORNES II. — Cerf (jeunes)				
A Hongkong, Paires....	107 1/2	4.858 ..		
CORNES III. — Cerf (vieux)				
A Singapour, Piculs....	17.02 1/2	305 ..		
Hongkong »	329.32 1/4	3.685 ..		
Hollande »	2	39 ..		
Japon, Paires....			4 ..	7 ..
Danemark »			3 1/2	14 ..
Total...	348.34 3/4	4.029 ..	7 1/2	21 ..

EXPORTATIONS PAR PAYS	Produits imposés		Produits exempts de droits.	
	Quantités	Valeur	Quantités	Valeur
CORNES		$		$
IV. — Rhinocéros.				
A Singapour, Piculs....	0.00 1/2	30 ..		
Hongkong »	2.30 1/4	8.991 ..	0.00 1/4	5 ..
Total...	2.30 3/4	9.021 ..	0.00 1/4	5 ..
CHEVAUX et PONEYS				
A Singapour, Têtes.....	7	366 ..		
IVOIRE				
A Singapour, Piculs....	14.02 3/4	7.082 ..		
Hongkong »	36.74 1/2	13.842 ..		
Angleterre »	1.77	470 ..		
Allemagne »	0.22	500 ..		
Total...	52.76 1/4	21.894 ..		
CUIR (Chamois)				
A Singapour, Piculs....	0.78	140 ..		
Hongkong »	581.17	13.805 ..		
Total...	581.95	13.945 ..		
MAWS, POISSON				
A Hongkong, Piculs....	0.04 3/4	3 ..	0.01	0 50
VIANDE SALÉE				
A Singapour, Piculs....	1.302.09 1/2	10.498 50	0.08	2 ..
Hongkong »	1.771.96 3/4	13.523 ..		
Total...	3.074.06 1/4	24.021 50	0.08	2 ..
MOULES SÈCHES				
A Singapour, Piculs...	1.719.89	16.003 ..		
Hongkong »	32.724.86 1/2	286.066 ..		
Total...	34.444.75 1/2	302.069 ..		
PLUMES (Pélican)				
A Hongkong, Piculs....	10.15	606 ..		
RIZ I. — Cassé				
A Singapour, Piculs...	5.214.78	5.583 ..		
Hongkong »	106.313.06	180.755 ..		
Total...	111.527.84	186.338 ..		
RIZ. II. — Paddy				
A Singapour, Piculs....	498.61	1.038 ..		
Chine »	5	15 ..		
Hongkong »	24	84 ..		
Total...	527.61	1.137 ..		

EXPORTATIONS PAR PAYS	Produits imposés		Produits exempts de droits.	
	Quantités	Valeur	Quantités	Valeur
RIZ. III. — Blanc *		$		$
A Singapour, Piculs....	2.820.724.27	9582906 ..	563.37	2.084 ..
Hongkong »	3.566.082.80	10732573 ..	678.63	2.436 ..
Chine »	5.056.73	13282 ..	96.17	376 ..
Japon »			5	22 ..
Saïgon »			1.76	7 ..
Allemagne »	69.000	240000 ..		
Port-Saïd »	69.683	245700 ..		
Pays divers (Europe) »	497.011.60	1573358 ..	13.58	45 ..
Brésil »	36.961	155228 ..		
Indes »	23.459.69	98232 ..	36	148 ..
Sumatra »	7	24 ..	56.95	228 ..
Pnompenh »	23	86 ..		
Total...	7.088.009.09	22641389 ..	1.451.46	5.296 ..
GRAINES I. — Luk Krabau				
A Chine, Piculs......	251.04	300 ..		
GRAINES. II. — Punktaira.				
A Hongkong, Piculs....	24.97	382 ..		
NAGEOIRES DE RE-QUIN. I. — Noire.				
A Singapour, Piculs....	3.03	92 ..		
Hongkong »	8.95	144 ..		
Total...	11.98	236 ..		
NAGEOIRES DE RE-QUIN. II. — Blanche.				
A Singapour, Piculs....	5.89	297 ..		
Hongkong »	3.11	145 ..		
Total...	9.00	442 ..		
ECAILLES (Tortues)				
A Singapour, Piculs....	0.22	218 ..	0.02 1/4	15 ..
Hongkong »	53.38	279 ..		
Total...	53.60	497 ..	0.02 1/4	15 ..

* Le riz blanc exempt de droits est le riz consommé à bord des vaisseaux.

EXPORTATIONS PAR PAYS	Produits imposés		Produits exemp^ts de droits.	
	Quantités	Valeur	Quantités	Valeur
TENDONS (Cerf).		$		$
A Singapour, Piculs....	0.28	7 50		
Hongkong »	199.56 1/2	3.829 ..	0.22 1/4	6 ..
Total...	199.84 1/2	3.836 50	0.22 1/4	6 ..
PEAUX. I. — Armadillo.				
A Singapour, Piculs....	8.93	291 ..		
Hongkong »	236.15 3/4	7.941 ..		
Total. .	245.08 3/4	8.232 ..		
PEAUX. II. — Raie.				
A Singapour, Piculs...	0.01	0 50		
Hong-Kong » ...	58.78 1/2	462 ..	0.03	1 ..
Total...	58.79 1/2	462 50	0.03	1 ..
PEAUX. III. — (Tigres et Léopards).				
A Singapour, Morceaux	84	493 ..	1	3 ..
Hong-Kong » ...	18	73 ..		
Indes » ...	8	30 ..		
Angleterre » ...	6	45 ..	7	150 ..
Allemagne » ...	4	12 ..	1	3 ..
Danemark » ...	6	18 ..		
Japon » ...	2	7 ..		
Etats Unis » ...			3	27 ..
Total ...	128	678 .	12	183 ..
STICKLAC				
A Singapour, Piculs...	3.265.85 1/2	42.254 ..		
Hong-Kong » ...	10.42	150 ..		
Etats-Unis » ...	2.145.03	34.902 ..		
Hollande » ...	17.85	322 ..		
Total...	5.439.15 1/2	77.628 ..		
BOIS. I. — AGILLA				
A Singapour, Piculs...	35.46 1/2	13.987 ..		
Hong-Kong » ...	438.51	7.078 ..		
Indes » ...	0.75	200 ..		
Total...	474.72 1/2	21.265 .		
BOIS. II. — Sapan.				
A Singapour, Piculs...	387.47	797 ..		
Hong-Kong » ...	9.116.42	24.196 ..		
Chine » ...	829.40	1.880 ..		
Europe » ...	232	293 ..		
Total...	10.565.29	27.166 ..		

I. — COMMERCE EXTÉRIEUR .

B. — Exportations de l'année 1899

2. — Produits affranchis des droits d'exportation mais soumis aux droits d'importation

EXPORTATIONS PAR PAYS	Quantités	Valeur
		$
FÈVES ET POIS		
A Singapour, Piculs...	461	1.543 ..
Hong-Kong » ...	910	3.640 ..
Total...	1.371	5.183 ..
COTON (Nettoyé et non nettoyé)		
A Hong-Kong, Piculs...	7.472 09	23.618 ..
Chine » ...	2	50 ..
Total...	7.474 09	23.668 ..
CHUNAM		
A Saïgon Pots...	33.600	5.244 ..
DAMAR		
A Singapour, Piculs...	1.071 50	7.308 ..
Japon » ...	300	30 ..
Total...	1.371 50	7.338 ..
POISSON SALÉ I. — Platu		
A Singapour, Piculs...	68.733 15	245.636 ..
Hong-Kong » ...	1.428	4.282 ..
Total...	70.161 15	249.918 ..
POISSON SALÉ II. — Autres que Platu		
A Singapour, Piculs...	158.707 89	403.188 ..
Hong-Kong » ...	46.107 75	130.150 ..
Total...	204.815 64	533.338 ..
INDIGO		
A Saïgon, Piculs..	198	753 ..
HUILE (bois).		
A Japon, Piculs...	201	14 ..
OIGNONS		
A Singapour, Piculs...	32.400	44.688 ..

EXPORTATIONS PAR PAYS	Quantités	Valeur
POIVRE		$
A Singapour,　Piculs...	6.815 79	273.420 ..
Hong-Kong　　»	4.071 75	80.703 ..
Chine　　　　»	25	250 ..
Indes　　　　»	1 25	25 ..
Angleterre　　»	5.695 75	235.416 ..
Danemark　　»	128 75	5.537 ..
Pays divers (Europe)....	2.348 50	86.928 ..
Total...	19.086 21	682.279 ..
POTS en grès.		
A Singapour,　Pièces...	420	32 ..
Hong-Kong　　»	19.814	131 ..
Saïgon　　　　»	86.200	2.852 ..
Total...	106.434	3.015 ..
CREVETTES, (sèches).		
A Singapour,　Piculs...	20	200 ..
Hong-Kong　　»	143 10	2.022 ..
Total...	163 10	2.222 ..
SEL		
A Singapour,　Piculs...	347 62	8.184 ..
SOIE grège.		
A Singapour,　Piculs...	723 78	77.880 ..
Hong-Kong　　»	9 82	839 ..
Indes　　　　»	20	4.000 ..
Japon　　　　»	18	1.296 ..
Total...	771 60	84.015 ..
SUIF		
A Singapour,　Piculs...	43	560 ..
TAMARINDS		
A Singapour,　Piculs...	1.955 40	3.412 ..
Hong-Kong　　»	142	237 ..
Total...	2.097 40	3.649 ..
TEELSEED		
A Singapour,　Piculs...	5.655 34	25.021 ..
Hong-Kong　　»	10.396	41.826 ..
Total...	16.051 34	66.847 ..
TABAC		
A Singapour,　Paquets..	1	3 ..
CIRE jaune.		
A Hong-Kong, Piculs...	8 25	247 ..

EXPORTATIONS PAR PAYS	Quantités	Valeur
BOIS		$
1. — Carrés de Teck		
A Singapour, Tonnes...	1.185 1/2	81.332 ..
Hong-Kong » ...	10.561 1/4	543.148 ..
Saïgon » ...	189 1/4	17.456 ..
Indes » ...	4.313	185.670 ..
Japon » ...	515	39.898 ..
Danemark » ...	289 1/2	28.055 ..
France » ...	55	5.512 ..
Russie » ...	6 1/2	780 ..
Pays divers (Europe)...	4.837	471.584 ..
Total...	21.952	1.373.435 ..
BOIS		
II. — Planches de Teck		
A Singapour, Tonnes...	1.445 3/4	88.419 ..
Hong-Kong » ...	1.723	960.639 ..
Chine » ...	105 1/2	8.541 ..
Indes » ...	939 1/4	61.402 ..
Saïgon » ...	122	11.650 ..
Angleterre » ...	67 1/2	7.070 ..
Hollande » ...	24 3/4	2.480 ..
France » ...	24	3.000 ..
Danemark » ...	15	1.125 ..
Allemagne » ...	20 1/4	2.050 ..
Russie » ...	3 1/2	420 ..
Autres pays » ...	1.139 1/4	106.880 ..
Manille » ...	10	500 ..
Sumatra » ...	3	225 ..
Total...	5.612 3/4	1.254.401 ..
BOIS		
III. — Bardeaux de Teck		
A Singapour, Paquets...	41.264	20.682 ..
Penang » ...	2.838	2.340 ..
Hong-Kong » ...	300	1.200 ..
Angleterre » ...	4.000	1.400 ..
Total...	48.402	25.622 ..
BOIS		
IV. — Bûches de Teck		
A Singapour, Tonnes...	10 3/4	58 ..
Hong-Kong » ...	908 1/2	32.666 ..
Chine » ...	179 1/4	6.320 ..
Indes » ...	50 1/2	2.020 ..
Total...	1.149	41.064 ..

EXPORTATIONS PAR PAYS	Quantités	Valeur
BOIS		
V. — Bois de Teck d'équarrissage		**$**
A Singapour, Tonnes...	193 1/2	13.710 ..
Hong-Kong » ...	218 3/4	9.915 ..
Saïgon » ...	20	2.045 ..
Indes » ...	2.403	104.080 ..
Manille » ...	10	500 ..
Angleterre » ...	198 3/4	20.750 ..
Danemark » ...	290	34.658 ..
France » ...	30	2.500 ..
Pays divers (Europe)...	289 1/4	29.002 ..
Total...	3.653 1/4	217.160 ..
BOIS, VI. — Teck, non classé ci-dessus*, tels que blocs, parquets, claviers, etc., etc.		
A Singapour, Tonnes..	274	22.086 ..
Hong-Kong » ..	64	4.300 ..
Indes » ..	37 1/2	2.320 ..
Danemark » ..	62 1/2	5.625 ..
France » ..	20	1.900 ..
Pays divers (Europe)....	3.761 1/4	402.980 ..
Total..	4.219 1/4	439.211 ..
BOIS, VII. — Fer.		
A Chine Piculs..	950	950 ..
BOIS, VII. — Padoo.		
A Hong-Kong. Piculs..	42.948	69.388 50
Chine » ..	3.400	4.600 ..
Total..	46.348	73.988 50
BOIS, IX. — Kalaa.		
A Singapour, Piculs..	112	690 ..
Hong-Kong » ..	494	1.070 ..
Chine » ..	400	1.000 ..
Total..	1.006	2.760 ..
BOIS, X. — Jaune.		
A Singapour, Piculs..	30	80 ..

*Sous cette rubrique sont compris les bois de construction de teck.

EXPORTATIONS PAR PAYS	Quantités	Valeur
BOIS, XI. — Ébène.		$
A Hong-Kong, Piculs..	3.115	7.048 ..
Chine » ..	400	800 ..
Total..	3.515	7.848 ..
BOIS, XII — Palissandre		
A Singapour, Piculs..	700	2.800 ..
Hong-Kong » ..	53.472	131.371 50
Total..	54.172	134.171 50
BOIS XIII. — Mai Chinchan.		
A Hong-Kong, Piculs..	2.310	6.138 ..
A Europe, Tonnes..	3.616 1/4	386.582 ..
Singapour » ..	81	4.986 ..
Hong-Kong » ..	64	4.300 ..
Total..	3.761 1/4	395.868 ..
BOIS, XIV. — Siamois, non compris dans les rubriques ci-dessus.		
A Hong-Kong, Tonnes..	49	850 ..
Burma » ..	2 1/2	228 ..
Japon » ..	68 1/2	2.023 ..
Europe » ..	15 1/2	697 ..
Total..	135 1/2	3.798 ..
CERCUEILS EN BOIS		
A Singapour, Pièces..	1	60 ..
Hong-Kong » ..	55	3.266 ..
Chine » ..	53	3.180 ..
Total..	109	6.506 ..
ÉCORCES, Mangrove.		
A Singapour, Piculs..	250	500 ..
Hong-Kong » ..	615	1.070 ..
Chine » ..	860	2.080 ..
Total..	1.725	3.650 ..
NIDS D'OISEAUX		
A Singapour, Piculs..	0.03	58 ..
Hong-Kong » ..	87.21 1/4	93.478 ..
Saïgon » ..	0.47	500 ..
Chine » ..	0.01 1/4	57 ..
Total..	87.72 1/2	94.093 ..
ŒUFS DE CANARD		
A Singapour, Pièces..	5.673.605	69.112 ..

I. — COMMERCE EXTÉRIEUR
B. — Exportations de l'année 1899
3. — Produits affranchis de droits d'importation et de droits d'exportation

PRODUITS ET PAYS D'EXPORTATION	Quantités	Valeur
SABOTS, (Buffles).		$
A Hong-Kong. Piculs..	58 22	131 ..
POTS, (Fer).		
A Singapour, Services	297 pces. 1.006	1.262 ..
Saïgon »	318 » 3.942	3.385 ..
Nombre total des services	615 pces. 4.948	4.647 ..
GRAIN, (Lotus).		
A Singapour, Piculs..	1.209 63	7.365 ..
Hong-Kong » ..	255 73	1.750 ..
Total..	1.465 36	9.115 ..
GRAIN, (Niger).		
A Singapour, Piculs..	922 50	3.579 ..
Hong-Kong » ..	109	511 ..
Saïgon » ..	130	610 ..
Total..	1.161 50	4.700 ..
PEAUX, (Serpents).		
A Singapour, Piculs..	0 02	1 ..
Hong-Kong » ..	18 05	404 50
Total..	18 07	405 50
PAPIER D'OR (pour les idoles, etc.).		
A Singapour, Pièces..	1.042.800	10.654 ..
PLOMB		
A Singapour, Piculs..	1.288	32.639 ..
Hong-Kong » ..	402 33	10.073 ..
Total..	1.690 33	42.712 ..
ÉTAIN		
A Singapour, Piculs..	603 93	40.792 ..
Hong-Kong » ..	105 53	4.120 ..
France » ..	3	100 ..
Pays divers (Europe)...	7 83	338 ..
Total..	720 29	45.350 ..

PRODUITS ET PAYS D'EXPORTATION	Quantités	Valeur
RUBIS BRUTS		$
A Singapour, Paquets..	4	5.000 ..
Angleterre » ..	3	7.572 ..
Total..	7	12.572 ..
SAPHIRS BRUTS		
A Angleterre, Paquets..	10	75.000 ..
PLANTES		
A Singapour, Caisses..	13	1.000 ..
Angleterre » ..	3	10 ..
Allemagne » ..	20	620 ..
Saïgon » ..	11	132 ..
Hong-Kong » ..	1	10 ..
Total..	48	1.772 ..
MÉTAUX		
A Singapour, Boîtes..	70	116.261 ..
Hong-Kong » ..	5	8.800 ..
Angleterre » ..	5	29.640 ..
(Or en barres)		
Indes » ..	1	80 ..
TISSUS EN PIÈCES	81	154.781 ..
(Noir).		
A Singapour, Corges..	4.814 6/20 & rolls 3.554	381.238 ..
Hong-Kong » ..	234 » 169	8.426 ..
Saïgon » ..	97	3.632 ..
Nombre total de Corges	5.145 6/20 & rolls 3.723	393.296 ..
FARINE (Riz).		
A Singapour, Piculs..	162.200 21	180.836 ..
Hong-Kong » ..	285.425 47	300.770 ..
Total..	447.625 68	481.606 ..
PRODUITS non classés ci-dessus.		
A Singapour.............		102.311 ..
Hong-Kong...........		35.649 ..
Saïgon...............		29.567 ..
Indes................		60 ..
Japon................		136 ..
Chine		661 ..
Indes néerlandaises...		120 ..
Europe..............		7.235 ..
Total..		175.739 ..

I. — COMMERCE EXTERIEUR

B. — Exportations de l'année 1899

4. — Produits de re-exportation

PRODUITS ET PAYS D'EXPORTATION	Quantités	Valeur
BIJOUTERIE		$
A Angleterre Paquets..	6	57.790 ..
Allemagne » ..	12	65.537 ..
France » ..	2	25.185 ..
Hollande » ..	2	1.539 ..
Italie » ..	1	662 ..
Singapour » ..	21	41.277 ..
Indes » ..	2	42.215 ..
Saïgon » ..	3	32.812 ..
Total..	49	266.817 ..
FIL D'OR		
A Singapour, Paquets..	4.000	1.050 50
Chine » ..	4.000	1.049 50
Allemagne » ..	4.000	936 ..
Italie » ..	1.000	200 ..
Total..	13.000	3.236 ..
PRODUITS DIVERS		
A Singapour............		45.239 ..
Hong-Kong...........		5.973 50
Saïgon................		23.258 ..
Chine		157 ..
Indes.................		1.392 ..
Penang...............		2.083 50
Angleterre...........		1.732 50
Hollande		595 ..
Danemark............		300 ..
France		270 ..
Allemagne		5.046 ..
Pays divers (Europe)....		8.561 ..
Total.....		94.607 50

I. — COMMERCE EXTERIEUR

C. — Compte général du Commerce maritime (1899)

Navires passés en douane (entrées et sorties)

NATIONALITÉ DU DRAPEAU	ENTRÉES				Valeur des Cargaisons	
	Steamers		Navires à voile		Venant de pays étrangers	Venant de la Côte
	N°	Tonnage	N°	Tonnage		
					$	$
Anglais	298	267.967	3	3.055	18.111.846	
Allemand	74	67.681	4	7.848	6.149.370	
Français.........	26	9.776			275.383	
Danois	9	12.349			408.777	11.000
Norvégien.......	12	10.522	10	5.315	166.320	
Hollandais	14	5.162			422.062	
Suédois (lest)....			1	532		
Russe id.			1	507		
Japonais	1	2.096			22.359	
Chinois..........	1	1.268			134.985	
Siamois	7	3.332	1	308	252.011	
Jonques venant de pays étrangers.			63		55.296	
	442	380.153	20 jonques 63	17.565 pas de tonnage	25.998.409	11.000

NATIONALITÉ DU DRAPEAU	SORTIES				Valeur des Cargaisons	
	Steamers		Navires à voile		Allant aux pays étrangers	Allant à la Côte
	N°	Tonnage	N°	Tonnage		
					$	$
Anglais	300	268.971	3	3.055	21.432.829	800
Allemand	74	67.681	2	5.856	7.624.125	4.260
Français.........	26	9.776			125.672	
Danois	10	12.790			616.080	198.742
Norvégien	13	11.578	10	5.315	1.365.683	
Hollandais	14	5.162			149.510	
Suédois..........			1	532	104.400	
Russe			1	507	90.500	
Japonais	1	2.096			113.388	
Chinois..........	2	2.536			200.099	
Siamois	7	3.332	2	616	149.000	128.885
Jonques allant aux pays étrangers.			8		101.754	
	447	383.922	20 jonques 8	15.881 pas de tonnage	32.072.990	332.687

I. — COMMERCE EXTERIEUR

C. — Compte général du commerce extérieur en 1899

APPENDICE :

NOMBRE DE PASSAGERS ARRIVÉS ET PARTIS PENDANT L'ANNÉE

PASSAGERS ARRIVÉS		PASSAGERS PARTIS	
Salon	Pont	Salon	Pont
760	32.798	734	18.692

I. — COMMERCE EXTÉRIEUR

D. — Part de chaque nation dans le commerce maritime

Nationalité des agents des vaisseaux	Nombre et tonnage des vaisseaux				Valeur des cargaisons			
	Importation		Exportation		Importation		Exportation	
	N°	Tonnage	N°	Tonnage	Venant des pays étrangers	Venant de la côte	Allant aux pays étrangers	Allant à la côte
					$	$	$	$
Français	329	289.741	334	293.338	21.123.884		24.500.318	5.060
Anglais	100	61.048	101	67.045	3.899.428		5.289.841	
Allemands	15	25.781	12	21.954	228.226		1.433.029	
Danois..........	15	15.205	16	15.664	656.777	11.000	706.219	327.627
Suédois.	1	486	1	486	9.369		22.542	
Japonais	1	2.096			22.360			
Chinois	1	308	2	616	3.069		19.287	
» (Jonques)	63		8		55.296		101.754	
	462 63jonques	397.665	466 8 jonques	399.103	25.998.409	11.000	32.072.990	332.687

I. — COMMERCE EXTÉRIEUR

E. — Colis entiers ou divisés importés et exportés

IMPORTATIONS		EXPORTATIONS	
Colis entiers	Colis divisés	Colis entiers	Colis divisés
2.831.167 colis	4.195 colis	5.355.919 colis	174 colis

II. — RÉSUMÉ DU COMMERCE EXTÉRIEUR

I. — Valeur totale des importations et exportations *

	1895	1896	1897	1898	1899
	$	$	$	$	$
Importations	19.384.513	21.044.328	24.858.071	27.361.913	26.316.301
Exportations. ..	25.280.593	30.362.912	32.032.390	36.430.651	33.659.888
Total...	44.665.111	51.407.240	56.890.461	63.792.564	59.976.189

* Ces chiffres comprennent le commerce de cabotage.

RÉSUMÉ DU COMMERCE EXTÉRIEUR

2. — Valeur des importations et exportations. — A. Importations.

2. — Valeur totale des importations et exportations par pays. — B. Exportations.

3. — Quantités et valeurs des produits principaux importés.

4. — Quantités et valeurs des produits principaux exportés.

5. — Valeur totale des métaux importés.

6. — Valeur totale des métaux exportés.

II. — RÉSUMÉ DU COMMERCE EXTÉRIEUR

2. Valeur des importations et exportations

A. — IMPORTATIONS

PAYS	IMPORTATIONS TOTALES				
	1895	1896	1897	1898	1899
	$	$	$	$	$
Singapour....	8.733.734	8.867.255	11.791.911	11.293.182	9.702.477
Hong-Kong...	4.670.761	5.440.557	5.937.334	8.069.290	7.384.963
Chine........	783.045	847.082	1.063.831	1.074 054	1.396.732
Indes	2.095.066	2.232.764	1.469.359	876.683	1.022.027
Indes Hollan.					658.874
Saïgon			769.896	492.660	101.629
Japon........					74.960
Burma........					46.204
Annam........					63.591
Manille.......					4.430
Sarawak					5.158
Bornéo.......					1.290
Cambodge....					1.213
Penang.......					162
Angleterre....					2.800.170
Allemagne....					1.105.651
Suisse........					495.474
France.......					218.815
Russie					182.457
Danemark....					155.206
Italie........					146.979
Hollande.....					137.431
Belgique					49.387
Autriche					31.086
Espagne......					11.878
Egypte.......					3.377
Algérie.......					370
Portugal					355
Norvège......					223
Grèce					65
États-Unis ...					191.284
Australie.....					4.491
Europe 1897-98.			2.814.121	4.199.833	
Autres pays 1897-98.	2.900.341	3.426.541	737.590	1.084.460	
Total...	19.182.947	20.814.199	24.584.042	27.090.162	25.998.409

II. — RÉSUMÉ DU COMMERCE EXTÉRIEUR

2. Valeur totale des importations et exportations par pays

B. — EXPORTATIONS

PAYS	EXPORTATIONS TOTALES				
	1895	1886	1897	1898	1899
	$	$	$	$	$
Singapour ...	8.661.303	10.399.822	12.185.512	11.504.124	13.300.791
Hong-Kong...	10.838.634	13.924.367	9.716.463	17.885.094	14.000.088
Chine........	87.702	68.677	44.278	29.970	46.825
Saïgon	690.857	216.502	161.714	121.049	134.289
Indes	889.247	618.825	444.000	348.000	502.354
Penang					4.424
Manille					1.000
Sumatra					597
Japon........				1.482.346	43.433
Rangoon.....					228
Pnom-Penh ..					86
Brésil.	630.945	141.360	995.400		155.228
Etats-Unis ...					34.929
Angleterre ...					455.603
France.......					52.762
Allemagne....					314.704
Danemark ...					75.332
Hollande.....					5.005
Italie........					862
Russie.......					1.200
Port Saïd (pour commandes) ...					245.700
Pays d'Europe (destinat. inconnue)					2.697.548
Europe 1895-98.	314.240	1.209.827	2.951.975	1.660.866	
Autres pays 1895-98.	1.633.735	1.923.093	4.086.640	1.582.426	
Total...	23.746.643	28.502.473	30.585.982	34.613.875	32.072.988

91
88
25
89
54
24
90
97
33
28
36
28
29
03
32
04
32
05
32
10

0

8

8

13

II. — RÉSUMÉ DU COMMERCE EXTÉRIEUR

3. — Quantités et Valeurs des Produits principaux importés

PRODUITS PRINCIPAUX	1895		1896		1897		1898		1899	
	Quantité	Valeur	Quantité	Valeur	Quantité	Valeur	Quantité	Valeur	Quantité	Valeur
Produits Textiles		$		$		$		$	$	$
I *Chowls*										
1. Palais....... Corges.									84780 12/20	626773
2. Pa Poons.... »		*		*		*		*	43184 15/20	558621
3. Sarongs..... »	109548	772813	121974½	827383	119752½	954155	110494½	961704	20324 5/20	108957
3. Slendangs... »									116574 14/20	205942
5. Patas....... »									6139 1/20	88193
Indiennes et Perses..Pièces	139729	301862	165523	444914	177627	429786	200411	500354	163770	382971
Toiles à chem. (blanches) »	333664	877094	209366	541285	213870	543753	207934	507523	270271	690926
Toiles à chem. (grises) »	236136	378656	150443	214538	156411	212255	181469	219102	232580	247921
Drap rouge vif...... »	35362	73453	33143	62127	29938	62741	38906	73471	47227	85100

Fil rouge vif...... Balles	1188	97874	1038	84711	425	34074	815	65913	1905	159459
Fil blanc........... »	2628	187229	1976	138912	1835	129670	3352	159511	2493	181726
Fil, toute couleur sauf rouge vif........ »	4816	334541	3578	246287	3925	268050	3239	228861	4028 1/2	288055
Singlets........... Douz.								✢	111702	270383
Soieries										
I. Soie grège ..... Piculs	76	19397	64	18172	66 1/2	21173	100 1/2	28155	86	33396
II. Chowls .... Pièces	28601	59230	34902	59238	41046	74458	52739	99926	67386	140842
III. Tissus en pièces »	79435	419867	96952	563326	92044	633899	103942	696073	333136	863923
	26839	133369	35977	201104	28463	158706	26708	153121		
Toiles à sac .... Balles	11111	501748	17291	722136	16576	756925	14968	746951	12805	772980
Huiles, pétroles		478082		548657		754375		632267		537248
Machines	99485	243205	33639	297055	9058	233697	7490	445775	1277	537248
Charbon .... Tonnes.	10416	96412	8193	71235	11307	130269	17760	242915	17148	247675
Quincaillerie et Coutellerie.		783883		356391		399330		388295		281987
Porcelaine et Faïence. Paq.	547367	279198	293541	216694	378847	225947	497786	288024	373865	395219
Verres et Cristaux	8701	122646	8344	184205	8484	173599	8585	224320	6808	98028
Bois scié et non scié		75852		65801		122098		197374		302680
Bijouterie										
Pierres précieuses .... / Objets d'art et d'argent.....		515494		110982		144683		168485		549551
Sucre raffiné et brut		502450		452746		724786		593585		890898
Liqueurs		220842		243568		374506		453158		708040
Opium .... Caisses.	1001	798800	1327	999315	820	550550	1520	1075774	1304	1005298

* De 1895 à 1898, tous les chowls ont été classés sous une seule rubrique.

✢ Singlets : aucun compte spécial n'a été tenu de 1895 à 1898.

II. — RÉSUMÉ DU COMMERCE EXTÉRIEUR

4. — Quantités et Valeurs des Produits principaux exportés

PRODUITS PRINCIPAUX		1895		1896		1897		1898		1899	
		Quantité	Valeur	Quantité	Valeur	Quantité	Valeur	Quantité	Valeur	Quantité	Valeur
PRODUITS D'EXPORTATION IMPOSÉS			$		$		$		$		$
Bouvillons	Têtes.	21612	403095	26033	460294	1832	44192	14964	376178	15558	531267
Cardamones	Piculs.	2979	71098	1612	40003	2382	67707	1065	45743	2135	81135
Pla heng	»	122424	773884	38090	349653	13688	254811	10011	238304	11562	144674
Pla salit	»	21120	233309	6675	77856	15183	105706	6121	71865	9603	106450
Gomme gutte	»	345	24154	465	19162	214	10463	221	7894	127	7190
Gomme	»	261	20089	348	24852	425	23185	374	17393	265	16785
Cornes buffles, vaches	»	4999	57049	3899	44334	5625	46366	3961	42817	3817	52512
» cerfs (jeunes)	»	1020	16236	975	13144	1635	18822	1668	18619	1077	4358
» » (vieux)	»		4554		3097		2992		2183		4050
» rhinocéros	»	16 1/2	16563	14 1/2	15296	4 1/2	17689	4	9871	2 1/2	9026
Ivoire	»	128	30619	206	25702	64	25949	59	22321	53	21894
Cuir (chamois)	»	624	15745	446	5316	409	5002	435	7494	582	13945
Viande salée	»	5703	35828	5223	28302	12098	78263	2518	14946	3074	24023
Moules sèches	»	29863	212434	30680	193290	24489	149780	29433	174290	34445	302069
I. Riz cassé	»	50248	90158	88742	214945	194325	436547	114536	292728	111528	186338
II. » Paddy	»	24469	27971	17525	39468	4934	13675	21690	27360	528	1137
III. » blanc	»	7726637	14649975	7569928	20957043	9170715	22975971	8589028	27251456	7089461	22646685
Sticklac	»	10773	206949	8060	110729	3982	43878	2697	39859	5439	77628
I. Bois, agilla	»	617	24106	193	5943	309	15220	493	14041	475	21265
II. » sapan	»	35730	71238	35970	67993	21437	43170	17471	38121	10565	27166
Fèves et pois	»	781	2348	2015	4629	2441	7558	1203	3775	1371	5183

Coton nettoyé et non nettoyé	Piculs.	4342	32905	5958	33889	4861	22757	4581	34644	7447	23668
I. Poisson, platoo	»	25961	136062	41774	88530	24796	125186	48420	252509	70161	249918
II. Poisson salé autre que platoo	»	37652	124771	39958	149387	62323	209391	111353	285150	204816	532338
Indigo	»			6	108			20	72	198	753
Poivre	»	14943	292569	13968	276748	10224	226931	15123	367580	19086	682279
Pots en grès	Pièces.	234531	5895	246354	9035	265933	8488	270746	8814	106434	3015
Sel	Piculs.	58058	17442	60698	16192	57750	16395	140030	54200	34762	8184
Soie grège	»	490	51572	523	62897	227	23344	191	21905	772	84015
Tamarins	»	5620	14750	2135	5951	1190	3549	8045	21527	2097	3649
Teelseed	»	18710	59837	21864	73676	22549	76903	11669	53767	16051	66847
Tabac	Paquets.	1281	6620	1505	9460	46596	34438	25483	7120	1	3
Cire jaune	Piculs.									8	247
Teck (carrés)	Tonnes *		688060		941519		732921		708508	21952	1373435
Planches de Teck	»		231287		200826		245286		235169	5643	1254401
Bardeaux de Teck	Paquets.		15050		82487		87855		13644		25622
Bûches de Teck	Tonnes.		9026		13405		34686		11465	1149	41064
Bois Teck d'équarrisse	»		18151		22299		19030		37987	3653	217160
Bois Teck non classés ci-dessus	»		1835963		1387518		1720346		709334	4219	439211
Bois, fer	Piculs.	836	3631	361	330	55	126	586	1455	950	950
» Padoo	»	25764	49236	13890	28067	17340	32468	11108	24580	46348	73988
» d'ébène	»	5390	125994	5770	125638	9719	195366	4708	73826	3515	7848
Palissandre	»	78110	161638	71732	163907	54291	103881	44479	86553	54172	134171
Nids d'oiseaux	»	117	45666	215	175458	340	82979	133	28747	88	94093
Produits affranchis de droits d'importation et de droits d'exportation											
Plomb	Piculs.	566	7127							1690	41712
Etain	»	1578	51720	1484	45720	2151	62545	1657	51414	720	45350
Rubis bruts	»		59151		20000		136400		26156		12572
Tissus soie, pièces	»						104836		363418		393296
Farine de riz	»	306498	185341	361472	237460	626302	404543	544698	373425	447626	481606

* Teck : les quantités pour 1899 sont seules connues

II. — RESUMÉ DU COMMERCE EXTÉRIEUR

5. — Valeur totale des métaux importés

PAYS D'IMPORTATION	ARGENT					OR (or en feuilles)				
	1895	1896	1897	1898	1899	1895	1896	1897	1898	1899
	$	$	$	$	$	$	$	$	$	$
Singapour	3463805	4198425	6053329	4893118	1527904					
Hong-Kong	1106020	1279242	1744699	1819342	197000	762825	1035956	787511	2523511	2953195
Chine						9600				120100
Côte (Siam proprement dit)					400					
» (Etats protégés)			1600		2000					
Annam					50000					
Saïgon			701000	410000	120					
Indes	30100	1124	243135	45000	393211					
Autres pays 1895-98	3000	4190								
Total...	4602925	5482981	8743763	7167460	2170635	772425	1035956	787511	2523511	3073295

II. — RÉSUMÉ DU COMMERCE ETRANGER

6. — Valeur totale des métaux exportés

PAYS D'EXPORTATION	OR *					ARCENT				
	1895	1899	1897	1898	1899	1895	1896	1897	1898	1899
	$	$	$	$	$	$	$	$	$	$
Singapour.........	50617	16100	37550	65990		596289	888288	497687	479785	116261
Hong-Kong........	1500		23550			600000		82142	774591	88.10
Saïgon........	200		720	1474		513900	99782	800	300	
La Côte........	1560	1693	5115	2544		913566	975956	517238	874886	479767
Chine........						210	1800	400	1738	
Angleterre........					29640					
Indes........										80
Total...	53877	17793	66935	70008	29640	2623965	1965826	1098267	2131300	604908

* Presque entièrement de l'or en barres.

CABOTAGE

1. — Compte général des produits arrivés dans le port de Bangkok en provenance de ports siamois (dans le Siam proprement dit et dans les États protégés).

2. — Compte général des produits embarqués dans le port de Bangkok pour des ports siamois (dans le Siam proprement dit et dans les États protégés).

3. — Compte général des produits embarqués dans le port de Bangkok pour des ports siamois et soumis aux droits de douane.

4. — Nombre de bâtiments de cabotage passés en douane (entrées et sorties) pendant l'année 1899.

III. — CABOTAGE

1. — Compte général des produits arrivés dans le port de Bangkok en provenance de ports siamois (dans le Siam proprement dit et dans les Etats protégés).

PRODUITS		Venant de ports dans le Siam proprement dit.		Venant de ports dans les Etats protégés.	
		Quantité	Valeur	Quantité	Valeur
PRODUITS TEXTILES			$		$
Pa Poons	Corges..	305	5.881 50		
Sarongs	»			85	1.140 ..
Slendangs	»			998 $2/_{20}$	6.968 ..
Fil blanc	Balles...	4	3C0 ..		
Tissus en pièces...	Pièces...			9.183	3.612 ..
Non classés	Paquets.		400 ..		
SOIERIES					
Chowls	Pièces...			4.339	8.770 ..
Tissus en pièces...	»			1.764	5.258 50
Produits chimiques et drogues	Paquets.		8 ..		6 ..
Huiles de ricin, de noix de coco, de bois; huiles pour machines, térébenthine	»		2.938 50		
Bois scié et non scié	»		9.948 ..		440 ..
Cuivre jaune et ses produits	»				30 ..
Plomb et ses produits	»		32.807 ..		
Cuivre et ses produits	»	231	34 50		
Métaux et objets de métaux non classifiés	»		7.213 ..		
Tabac, cigares, cigarettes	»		1.709 ..		80 ..
Cuir et ses produits.	»		4.978 ..		42 ..
Paillassons et objets de rotin, bambou et paille	»		6.125 50		724 ..
Provisions	»		87.566 ..		785 ..
Sucre raffiné	Pots	43	43 ..	1.293	1.811 ..
Sucre brut	»	3	1 50		
Animaux, porcs et volailles	Têtes....	8.800	68.242 ..	7	50 ..
Produits non classifiés	Paquets .		75.109 50		11.892 ..
Total			303.365 ..		41.608 50

III. — CABOTAGE

2. — Compte général des produits embarqués dans le port de Bangkok pour des ports siamois (dans le Siam proprement dit et dans les Etats protégés).

PRODUITS		Pour les ports du Siam proprement dit		Pour les ports dans les Etats protégés	
		Quantité	Valeur	Quantité	Valeur
Cotons			$		$
Chowls					
Palais	Corges..	3.758	42.186 ..	3	392 ..
Papoons	»	117 $^{18}/_{20}$	2.162 ..		
Sarongs	»	544 $^{11}/_{20}$	3.781 ..		
Slendangs	»	162 $^{9}/_{20}$	1.471 ..	3	60 ..
Indiennes et Perses	Pièces...	11.134	37.058 ..	50	150 ..
Toiles à chemise (blanches)	»	11.988	42.689 ..		
Toiles à chemise (grises)	»	2.579	7.723 ..		
Drap rouge vif	»	298	1.755 ..		
Fil rouge vif	Paquets.	494	4.523 ..		
Fil blanc	»	138	5.015 ..		
Fil de couleur	»	4.103	28.792 ..		
Tissus en pièces	Pièces...	12.486	30.799 ..		
Soieries					
Soie grège	Paquets.	5	730 ..		
Chowls	Pièces...	6.228	19.220 ..		
Tissus en pièces	»	20.268	92.339 ..	15	9 ..
Soieries					
Non classifiées	Paquets.	8	474 ..		
Laines					
Pièces	Pièces...	1.116	4.999 ..		
Autres laines	Paquets.	23	295 ..		
Singlets	Douzaine	924	3.571 ..		
Vêtements, paquets étrangers	Paquets.	7.974	91.635 ..		
Toiles à sacs	»	119	1.418 ..		
Produits chimiques et drogues	Paquets.	225	2.564 ..		
Peintures, couleurs, teintures	»	189	917 ..		
Kerosine (huile)	»	14.750	38.533 ..		
Autres huiles	»	691	4.736 ..		
A reporter			469.385 ..		611 ..

PRODUITS		Pour les ports du Siam proprement dit		Pour les ports dans les Etats protégés	
		Quantité	Valeur	Quantité	Valeur
			$		$
Report			469.385 ..		611 ..
Bois					
Planches	Pièces...	11.968	2.424 ..		
Chevrons	»	100	9 ..		
Articles de bois autres que l'ameublement	Paquets.	1.185	2.757 ..	4	223 ..
Cuivre jaune	»	529	17.256 ..		
Machines et parties de machines	»	10	743 ..		
Quincaillerie et coutellerie	»	217	2.797 ..		
Zinc et ses produits	»	207	1.615 ..		
Plomb et ses produits	»	19	319 ..		
Cuivre et objets de cuivre	»	30	1.105 ..		
Fer, barres, etc.	»	681	3.442 ..	3	54 ..
Fer, tôles, plaques.	Pièces...	1.876	1.175 ..		
Fer, fonte et ses produits	Paquets.	361	3.827 ..	10	24 ..
Fer forgé et laminé	»	214	2.329 ..		
Fer, fil de fer, câbles	»	795	7.498 ..		
Acier, barres et plaques	»	7	69 ..		
Métaux divers et leurs produits non classifiés	»	131	446 ..		
Porcelaine et faïence	»	10.022	12.889 ..	155	426 ..
Ameublement	»	125	1.527 ..		
Lampes	»	156	2.097 ..		
Verrerie et cristaux	»	84	1.022 ..		
Paillassons et objets de rattan, bambou et paille	»	2.792	4.369 ..		
Feux d'artifice, pétards, etc.	»	1.509	8.018 ..		
Papier à écrire et pour imprimerie.	Paquets.	141	1.270 ..		
Papiers autres que ceux classifiés	»	426	1.882 ..	3	7
Livres et imprimés	»	54	1.652 ..		
Papeterie	»	35	710 ..		
À reporter			552.632 ..		1.345 ..

PRODUITS		Pour les ports du Siam proprement dit		Pour les ports dans les États protégés	
		Quantité	Valeur	Quantité	Valeur
			$		$
Report			552.632 ..		1.345 ..
Cordes, câbles (fer excepté), ficelle...	»	311	2.642 ..		
Ciment............	»	173	433 ..		
Allumettes.........	»	2.512	11.860 ..		
Savon	»	244	579 ..		
Charbon de bois...	Piculs...	20	30 ..		
Cuir et ses produits non classifiés....	Paquets.	26	478 ..		
Bijouterie, objets d'or et d'argent, pierres précieuses	»		5.339 ..		885 ..
Armes.............	Pièces...	4	166 ..		
Munitions de guerre et explosifs......	Paquets.	8	107 ..		
Provisions.........	»	51.117	93.617 ..	5.290	3.262 ..
Sucre raffiné.......	»	6.637	45.513 ..	30	390 ..
Sucre brut.........	»	2.872	9.470 ..		
Riz	»	1.225	3.323 ..		
Tabac, cigares, cigarettes...........	»	6.277	53.856 ..		
Produits de tabac autres que ceux classifiés ci-dessus	»	70	242 ..		
Animaux					
Chevaux et poneys.	Têtes....	4	144 ..		
Porcs, volailles, etc.	»	2.954	797 ..		
Produits non classifiés.............	Paquets.	64.035	215.221 ..	37	2.105 ..
Bière.............	»	82	863 ..		
Eaux-de-vie........	»	213	1.707 ..		
Whisky	»	71	523 ..		
Samshoo	»	3.149	11.151 ..		
Vins (Champagne et vermouth compris).	»	32	385 ..		
Liqueurs autres que eaux-de-vie, whisky et samshoo...	»	333	2.479 ..		
Opium	»	104	65.500 ..	18	13179 ..
Métaux............	»				
Monnaie d'or et d'argent.............	»		479.767 ..		
Total......			1558324 ..		211 66

III. — CABOTAGE

3. — Compte général de produits embarqués dans le port de Bangkok pour des ports siamois et soumis aux droits de douane.

PRODUITS		Produits imposés		Produits exempts de droits.	
		Quantité	Valeur	Quantité	Valeur
			$		$
Bêche de mer	Piculs...	0.16	2 ..		
Betelnut, seché....	»	6.97	42 ..		
Poisson, Plaheng*.	»	8.22 $^1/_2$	98 50	0 35	12 ..
Poisson, Plasalit ..	»	2.11	24 ..	1 35	6 ..
Chanvre	»	15.77	251 ..		
Chevaux et poneys.	Têtes ...	1	60 ..		
Cuir	Piculs...	0.09 $^1/_2$	5 ..		
Moules, sèches	»	0.26	2 .		
Riz, cassé	»	247.19	157 ..		
Riz, blanc	»	2514.77	6.664 ..		
Nageoirs de requin (noires)	»	0.00 $^3/_4$	0 50		
Peaux (tigres et léopards)	Morceaux	1	6 ..		
Bois (Sapan)	Piculs...	34.89	80 ..		
Total.....			7.392 ..		18 ..

III. — CABOTAGE

4. — Nombre de bâtiments de cabotage passés en douane (entrées et sorties) pendant l'année 1899.

ENTRÉES		SORTIES	
Steamers locaux	Jonques et autres bâtiments.	Steamers locaux	Jonques et autres bâtiments.
146	188	146	190

EXPOSITION COLLECTIVE

DU

GOUVERNEMENT ROYAL

A

L'EXPOSITION UNIVERSELLE DE 1900

PARIS

COMMISSION D'ORGANISATION

POUR LA PARTICIPATION DU

SIAM A L'EXPOSITION UNIVERSELLE DE 1900

A PARIS

La Commission chargée par le Gouvernement d'organiser la participation du Siam à l'Exposition Universelle de 1900 est composée de vingt et un membres, ayant comme

Président :

S. A. R. le Prince BHANURANGSI.

et comme

Secrétaire :

S. A. R. le Prince NARADHIP.

COMMISSARIAT DU SIAM

Exposition Universelle de Paris

⋙ 1900 ⋘

14, AVENUE D'EYLAU, 14

MM. PHYA SURIYA NUVATR, Envoyé extraordinaire et Ministre plénipotentiaire, à Paris. — Commissaire général.

ALBERT GRÉHAN, Consul général, à Paris. — Commissaire général adjoint.

CORRAGIONI D'ORELLI, Conseiller de la Légation, à Paris.

PHRA SRIDHAMASASANA, Secrétaire de la Légation, à Paris.

HOEYLAERTS, Consul général, à Bruxelles.

DÉLÉGUÉS.

G. CUISSART, Attaché à la Légation, à Paris.

A. SARAZIN, Attaché à la Légation, à Paris.

SECRÉTAIRES.

EUGÈNE CHASTEL...................... ARCHITECTE.

PAVILLONS DU ROYAUME DE SIAM

Les pavillons édifiés au Champ-de-Mars donnent un spécimen complet, aussi bien par l'ensemble que dans les détails, de l'architecture siamoise actuelle, dérivée de l'art khmer. Elle sait allier à une originalité de formes raisonnées, motivées par la nature du sol, du climat, l'emploi des matériaux, etc... une décoration extrêmement riche non seulement par des détails de sculpture, mais encore par une coloration puissante et variée. Le rouge, le bleu, le jaune, le vert, la porcelaine et la faïence émaillée, les cristaux, et par-dessus tout l'or, se superposent, se marient et se fondent en des tonalités splendides.

La nature du sol à Bangkok oblige non seulement à établir toutes les constructions à environ 1 m. 50 au-dessus du sol pour assurer une circulation d'air indispensable, mais ne permet guère de les élever de plus d'un rez-de-chaussée. La période des pluies étant assez longue, les toitures ont une importance capitale, et tout en accusant leur principe utilitaire, elles contribuent par leur multiplicité, leurs pénétrations et leurs pentes diverses, à l'embellissement des constructions.

Elles sont composées de tuiles en écailles vernissées,

de diverses couleurs, et les faîtage se terminent par des ornements de forme originale. Les pignons saillants abritent les pannes sur lesquelles viennent s'accrocher des rives en forme de serpents. Les tympans de ces pignons sont également remplis par une décoration symbolique en bois sculpté peint et doré.

Des galeries latérales sont indispensables pour préserver les habitations du contact direct avec les rayons solaires.

Les constructions de la Section Siamoise se composent de deux pavillons d'inégale grandeur, réunis au moyen d'une passerelle, destinée à conserver aux constructions leur ensemble, et contribuant également à la décoration générale.

Le pavillon royal se compose d'une vaste salle octogonale, précédée d'un porche, et sur laquelle s'ouvrent les deux grandes galeries d'exposition des objets. A l'extrémité de l'une d'elles est aménagé un salon de repos réservé. Une élégante flèche de plus de trente mètres de hauteur, surmonte et accuse la salle principale. Elle est décorée de sept couronnes symbolisant la royauté siamoise. Chacune de ces couronnes porte aux angles et sur ses quatre faces toute une décoration ornementale, entièrement sculptée et dorée.

Des pendentifs en bois sculpté et doré décorent l'entrée principale du porche, auquel viennent aboutir les galeries extérieures.

Le second pavillon, construit de même façon, mais plus simplement orné, possède à l'intérieur une décoration conforme à sa destination.

Ce n'est qu'après de longues et minutieuses recherches faites d'après des documents précis (l'éloignement ne lui ayant pas permis une étude sur place) que l'architecte M. Eugène Chastel est arrivé à donner tant aux formes architectoniques qu'aux détails d'ornementation un caractère de scrupuleuse exactitude.

EXPOSITION COLLECTIVE

DU

GOUVERNEMENT ROYAL

A

L'EXPOSITION UNIVERSELLE DE 1900

PARIS

2e GROUPE

CLASSE 7

Paravents peints sur toile et sur papier. Ces
paravents représentent différentes figures allé-
goriques, ainsi que des sujets tirés de la mytho-
logie Siamoise.

CLASSE 9

Figures et animaux en terre cuite et coloriée.

3ᵉ GROUPE

CLASSE 14

Une grande carte du Royaume de Siam, dressée d'après les travaux du département cartographique du ministère de l'Intérieur. Cette carte, à laquelle le jury international a décerné une *médaille d'or*, est à l'échelle de. $\frac{1}{760.320^e}$ Elle mesure environ cinq mètres sur deux mètres. La carte a été dressée sous la direction de S. A. R. le prince Damrong Rajanubhab et de S. E. Chow Phya Surasakdi Montri. Le Tonkin, l'Annam et la Cochinchine sont pris sur la carte de la mission Pavie ; la péninsule malaise a été prise d'après des documents variés.

CLASSE 16

Etoffes employées par les acteurs siamois. Armes d'ancien modèle.

6ᵉ GROUPE

CLASSE 30

Modèles des voitures de luxe et des chaises à porteurs employées dans les grandes cérémonies par le Roi et les Princes. — Palanquins ; équipages.

CLASSE 33

Modèles de bateaux de tous genres usités pour les transports fluviaux : barques royales ; barques à rames.

7e GROUPE

CLASSE 35

Modèles d'habitations rurales. Modèles de maisons construites sur terre et sur eau. Habitations recouvertes de chaume, de feuilles de palmier et tuiles ; reproduction d'un temple à colonnes dorées. Reproduction d'un petit village construit en partie sur eau et en partie sur terre.

CLASSE 39

Echantillons de riz de toutes espèces : riz de jardin (variés) de la province de Petchaburi ; riz blanc des Hauts-Plateaux (Khow-Kai) ; riz non nettoyé (*Grand prix*).

9e GROUPE

CLASSE 50

Echantillons d'essences forestières. Produits des industries forestières : vannerie, paniers en rotin. (*Grand prix*).

CLASSE 51

Collection d'armes blanches. Armes anciennes pour panoplies.

CLASSE 52

Reproductions d'animaux terrestres et amphibies : éléphants, crocodiles, lézards, serpents, grenouilles, etc. Reproduction en bois de serpents à tête plate.

CLASSE 54

Echantillons de gommes et résines : benjoin, sandaraque, gomme-gutte, laque. *(Grand prix)*.

10e GROUPE

CLASSE 59

Echantillons de poivre noir et blanc.

11e GROUPE

CLASSE 64

Collection de cloches de pagodes.

12ᵉ GROUPE

CLASSE 66

Peintures décoratives sur toile : écrans, etc. Sujets siamois et mythologiques.

CLASSE 69

Meubles divers de fabrication moderne : Bureaux, buffets, bibliothèques, étagères, porte-chapeaux et parapluies, cadres à photographies, casiers à musique, consoles, piédestaux, colonnes.

CLASSE 70

Nattes. Tissus d'ameublement en soie, velours brodé, etc. (*Grand prix*).

CLASSE 71

Modèles de décorations mobiles employées dans les grandes cérémonies publiques et religieuses, monuments crématoires, etc.

CLASSE 72

Porcelaines fines. Statuettes en terre cuite, mozaïques d'émail.

13ᵉ GROUPE

CLASSE 83

Tissus de soie pure, et mélangés d'or et d'argent, teints et imprimés. Velours, costumes féminins ; langoutis ; panungs.

CLASSE 84

Broderies à la main, mélangées de paillettes de métal, etc. (*Grand prix*).

CLASSE 86

Cannes ordinaires et de luxe. Manches en argent ciselé. Ecrans à la main, éventails.

14ᵉ GROUPE

CLASSE 91

Cigares et cigarettes. Cigarettes de formes variées faites à Bangkok dans lesquelles le papier est remplaeé par des feuilles de lotus, de bananier, de riz, etc.

15ᵉ GROUPE

CLASSE 92

Biblorhaptes, classeurs. Porte-plumes, encriers, presse-papiers.

CLASSE 94

Objets de ménage en or et en argent, coupes, vases ; orfèvrerie dorée sur argent ; coupes en argent doré ; cuillers ; porte-fleurs. (*Méd. d'argent*).

CLASSE 95

Spécimens de joaillerie d'or pur : boutons, épingles à chapeaux ; bracelets ; colliers ; chaînes ; ceintures ; manches de parasol ; épingles à toupet, etc. (*Méd. d'argent*).

CLASSE 97

Objets artistiques en fonte dorée. Zincs d'art, métaux repoussés. Chandeliers. Reproduction en zincs d'art d'animaux divers, de sujets siamois et mythologiques.

CLASSE 98

Vannerie : paniers d'usage journalier, paniers à provisions pour le voyage, paniers à théière pour le voyage. (*Grand prix*).

CLASSE 100

Jouets indigènes à bon marché: poupées habillées, ménages, animaux en bois découpé et articulés, éléphants en carton, poupées en papier mâché, balles en rotin.

16ᵉ GROUPE

Modèles d'habitations sur pilotis et flottantes, démontables, salubres et à bon marché.

TABLE DES MATIÈRES

Imprimerie Industrielle et Artistique, 15-17, rue des Martyrs — Paris (9e).